Klaus Biedermann

Auf die Fresse

Über den Autor:

»Ich war Musikproduzent, auf dem Höhepunkt meines Erfolgs und der fälschlichen Meinung, mich im Leben auszukennen. Ich hielt mich für mächtig und unbesiegbar. Bald stellte sich jedoch heraus, dass das Universum nach ganz anderen Regeln funktioniert. Ich verlor alles wieder, fühlte mich wie ein Opfer und fragte mich, was ich falsch gemacht habe.
Aus dieser Frage ergab sich eine jahrelange Suche nach den Essenzen und Gesetzmäßigkeiten des Lebens, die mit erstaunlichen Erkenntnissen endete, die für mich vollkommen neuartig und, wie sich herausstellte, in dieser Form in der westlichen Welt völlig einzigartig sind.
Diese Erkenntnisse waren anfangs verstörend, haben mich angegriffen, durcheinander gebracht und sogar wütend gemacht. Sie haben mir aber auch deutlich gezeigt, dass mein größter Fehler darin bestand, meine Energie in alle Richtungen zu verschleudern, anstatt sie zu behalten und zielgerichtet einzusetzen.«

Klaus Biedermann begann 1988 seine erfolgreiche Karriere als Musikproduzent, die jedoch von vielen Aufs und Abs geprägt war. Nach einigen weltweiten Charthits Anfang der 1990er-Jahre folgte bald eine Durststrecke, ehe 1998 mit der Entdeckung von *DJ Ötzi* und den Songs »Anton aus Tirol« und »Hey Baby« der große Wurf mit Nummer-1-Platzierungen auf der ganzen Welt gelang. Es folgte eine mehrjährige Phase großen Erfolgs, die erneut von einer Periode frustrierender Erfahrungen abgelöst wurde.
In diesem Buch analysiert Klaus Biedermann seine persönliche Berg- und Talfahrt bis ins kleinste Detail und ist hierbei zum Leser ebenso schonungslos wie zu sich selbst.
Auf die Fresse kommuniziert in klaren Worten und ohne Rücksicht auf zarte Befindlichkeiten, dass das Leben sichtbaren Richtlinien folgt und dass es von Vorteil ist, diese zu kennen. Erst das wird Ihnen ermöglichen, Ihr volles Potenzial auszuschöpfen und Ihr Schicksal selbst in die Hand zu nehmen.

Sollten Sie noch nicht viel Erfahrung mit der Lektüre »esoterischer« Bücher haben, könnte es sein, dass Ihnen mancher in diesem Buch verwendete Ausdruck neu ist. Zu diesem Zweck habe ich eigens die Seite
www.aufdiefresse.at/bonusmaterial
eingerichtet, um Ihnen das Verständnis dieses Buches zu erleichtern.

KLAUS BIEDERMANN

AUF DIE FRESSE

MEHR ENERGIE
MEHR ERFOLG
MEHR LIEBE

Energielecks im Alltag aufspüren und
neue Freiheit im Leben erlangen

Impressum:
Verein Denken in Energien
Franz Josefs-Kai 23/9
A-1010 Wien
denkeninenergien@gmail.com

Satz:
Klaus Biedermann

Grafik:
Margarita Gavrielova

Layout:
Klaus Biedermann

Coverfoto:
Monika Fellner (www.monifellner.at)

Fotos im Buch:
Monika Fellner, privat, Oliver Riebenbauer,
Oreste Schaller (www.oreste.com), Martin Schoppelt

Korrektorat und Lektorat:
Signe Viergutz (www.diewortvergolderin.de)

Vorkorrektorat:
Ursula Gerstbach

Weiterführende Informationen zu diesem Buch:
www.aufdiefresse.at/bonusmaterial

Facebook:
https://www.facebook.com/denkeninenergien
Instagram:
https://www.instagram.com/klausbiedermann/

ISBN: 9798716347724

Folgende Freunde waren mit Rat und Tat an der Entstehung dieses Buches beteiligt:

Margit & Christian Seitz
Philipp Pracser
Alexandra & Martin Schoppelt
Eva & Thomas Schmuck
Claudia Mazanek
Mateen Dawoud
Kary Nowak
Martin Krieger
Janina Lebiszczak
Zoe Gavrielova
Monika Fellner
Vladimir Stojic
Viktor Gavrielov
Anita Köck
Mario Rossori
Rudolf Wald
Tatjana Gavrielov
Oliver Hadinger

Folgende Personen haben darüber hinaus durch ihr Vertrauen die Entstehung dieses Buches unterstützt:

Mario Obermaier
Martin Kromar
Wolfram Pirker
Erich Haller
Markus Binapfl
Johann Ezra Van Toren
Eduard Berger
Kristina Neugebauer
Elmar Peinelt
Christine Biedermann
Joachim Bojer
Althea Diamante
Michael Schwaberger
Martina Krieger
Alexandra Kurz
Silvia Jung
Bettina Benesch
Iris Machtinger
Mauricio Queiruga
Jürgen Kirisitz
Jens Meerkötter
Mario Zadra
Christoph Laimgruber
Florian Koch
Quan Gao
Sabine Joch
Peter Laskaris
Julia Holzer-Söllner
Silvina Frank
Alfons Russ
Martina Kaiser
Alexander Lengauer
Mike Lorenz
Martin Koch
Karolina Gegotek
Angela Biedermann

Inhalt

VORWORT 9

1 Vom Verbraucher zum Schöpfer 23

Warnung 36
Willkommen... 40
Was erwartet Sie? 42
Energielecks 44
Woher kommen die Informationen? 47
Verbraucher und Schöpfer 50

2 Die Schöpfer-Liste 57

3 Überschüsse 67

1. Stolz 79
2. Euphorie 84
3. Schuldgefühle 91
4. Hetzen und Ungeduld 93
5. Zuviel Aufmerksamkeit auf eine Sache 95

6. Lästern 98
7. Übertrieben emotionale Bewertungen 102
8. Übergroße Erwartungen 103
9. Geiz 106
10. Stillstand 111
Zusammenfassung 122

4 Energievampire 127

Täter und Opfer 140
Richtlinien 144
Undeutliche Kommunikation 148
Die liebe Familie 155
Das schwarze Loch in der Arbeit 168
Beziehungen 181
Eifersucht 184
Zusammenfassung 189

5 Das materielle Umfeld 199

Zusammenfassung 246

NACHWORT 257

Seit meinem 18. Lebensjahr machte ich Musik mit dem Ziel, davon zu leben. Mein »Pech« war, dass bereits die ersten Versuche höchst erfolgreich wurden. Dadurch hatte ich den Eindruck, ich könnte ewig so weitermachen, ohne mich entwickeln zu müssen.

Vorwort

»Wer immer tut, was er schon kann,
bleibt immer das, was er schon ist.«

HENRY FORD

A*uf die Fresse* also ... Wenn Sie, lieber Leser, liebe Leserin, diese Zeilen hier vor Augen haben, dann ist vermutlich Ihre erste Frage, was ich mit diesem Titel eigentlich ausdrücken will. Und das ist eine ausgesprochen berechtigte Frage. Denn eines werden Sie schon vermutet haben: Das ist kein gewöhnliches Buch. Okay, es ist ein Ratgeber. Aber dieses Buch ist nicht einmal ein gewöhnlicher Ratgeber.

Denn kaum jemand würde einen Zusammenhang zwischen einem sogenannten »Lebensratgeber« (ja, ich weiß, für viele ein abschreckendes Wort) und der höchst aggressiven Aufforderung zur Gewaltanwendung herstellen. Ganz im Gegenteil: Die Reaktionen im Vorfeld der Veröffentlichung bewegten sich zwischen augenblicklicher Faszination und tendenzieller Ablehnung. Und genau das ist meine volle Absicht, denn ich halte die Themen dieses Buches für so wichtig, dass mir dieser Titel einerseits Ihre Aufmerksamkeit sichert und andererseits die Art und Weise beschreibt, wie ich die Informationen kommuniziere.

Die Informationen, die Sie hier erhalten, werden Sie möglicherweise ebenso sowohl faszinieren als auch anwidern. Ich kann Ihnen auf jeden Fall sagen, dass es zumindest mir während der ersten Jahre so ging, in denen ich sie schrittweise (und oft nicht ganz freiwillig) erfahren »durfte«; auch meine (ebenfalls nicht immer freiwilligen) Versuche, sie zu akzeptieren und umzusetzen, waren nicht immer gleich von Erfolg gekrönt. Ursprünglich dachte ich eigentlich, dass der Mensch von Natur aus faul sei, wobei ich von oberflächlichen Beobachtungen und nicht zuletzt von mir selbst ausgegangen bin. Doch die Recherchen haben das Gegenteil ergeben. Die meisten Menschen sind sogar ausgesprochen neugierig und wollen sich durchaus weiterentwickeln, doch die Angst vor dem Unbekannten, das sie in Gefahr oder zumindest aus der Komfortzone bringen könnte, ist oftmals größer und lähmt viele richtiggehend. Aus diesem Grund neigt der Mensch dazu, weiterhin das zu machen, was er immer gemacht hat, einfach weil er weiß, dass er das Ergebnis ziemlich genau prognostizieren kann. Selbst wenn das Ergebnis gar nicht mal so positiv ist, kennt er es wenigstens. Um nun also tatsächlich etwas zu ändern, brauchen viele dafür einen Tritt in den Allerwertesten …, oder eben eine ***auf die Fresse***.

Ich selbst bin diesen Schritt in die Entwicklung genau so gegangen, denn ich bin zwar ein ausgesprochen neugieriger Mensch, brauchte aber trotzdem, und das können Sie mir glauben, verdammt viele Tritte in den bereits erwähnten Körperteil. Mittlerweile kann ich aber mit gutem Gewissen behaupten, dass ich trotz langjährigen Dauerzustands außerhalb der Komfortzone in jeder Hinsicht davon profitiert habe, diese Schläge eingesteckt zu haben, denn so konnte ich all diese Informationen verifizieren. Denn das erfordert nicht nur ein gewisses Durchhaltevermögen, sondern vor allem auch Zeit und Erfahrung, um zu diesen Erkenntnissen ein entsprechendes Vertrauen zu entwickeln.

Seinerzeit hätte ich mir so ein Buch mit diesen Tipps wie einen Bissen Brot gewünscht, um mich nicht im Kreis zu drehen und jede unangenehme Erfahrung mehrfach machen zu müssen. Doch meine Reise hat sich absolut ausgezahlt, denn nun kann ich Ihnen, werter Leser, werte Leserin, diesen Weg ersparen und Ihnen Erkenntnisse liefern, mit denen Sie eine

Abkürzung zu Entwicklung und Erfolg nehmen. Und genau dafür habe ich ein Buch geschrieben, das anders ist.

Sie halten hier also ein Buch in den Händen, das mit dem Ziel geschrieben wurde, Ihrer Persönlichkeit und Ihrer Entwicklung zu dienen. Aber seien Sie darauf vorbereitet, dass ich dies bewusst in einer Sprache sowie auf eine Art und Weise mache, die Sie herausfordern, möglicherweise schockieren wird; vielleicht wird es sogar eine Reihe negativer Emotionen wie Wut, Kränkung und Aggressionen gegen den Autor in Ihnen wecken.

All das nehme ich gerne hin, denn ich sehe es als meine Mission, Ihnen die vorliegenden Informationen möglichst ohne Umwege näherzubringen. In meinem Umfeld bemerke ich tagtäglich, wie sich die Leute das Leben schwer machen oder sich sogar zerstören, nur weil Ihnen grundlegende, für jeden anwendbare Werkzeuge fehlen.

Ich sehe, wie die Leute ihren Entscheidungen nicht mehr vertrauen, weil wir von so einer gewaltigen Informationsflut umgeben sind, dass unsere Intuition immer mehr überlagert wird. Ich sehe, wie es den Leuten immer schwerer fällt, den richtigen Weg zu finden und sie immer orientierungsloser werden. Ich sehe, wie die Leute ihr Heil im »Manifestieren von Wünschen« suchen, wie es viele Bücher beschreiben, und sich krampfhaft einreden, damit ans Ziel zu gelangen. Ich sehe, wie sich Menschen in einem sinnlosen Teufelskreis aus Problemen und Misserfolgen bewegen, aus dem sie nicht herausfinden, nur weil ihnen ein kleiner Tritt fehlt. All das kenne ich übrigens nur allzu gut von mir selbst. Um Ihnen diesen Tritt zu geben, muss ich in erster Linie zwei Sachen machen:

Zunächst einmal muss ich Ihnen kurz den Boden unter den Füßen wegziehen, indem ich einige Ihrer alten Glaubensmuster aufbreche, um dann eine neue, stabile Basis zu erschaffen, auf der Sie aufbauen können. Danach würde ich Sie gerne hier abholen und an der Hand nehmen, um Ihnen in Form von klaren Anleitungen und Richtlinien den Weg zu zeigen, den ich selbst gegangen bin und der mich stärker gemacht hat. Mit diesem Buch schaffen Sie es jedoch schneller und einfacher als ich.

Nachdem sich aber Veränderungen und Entwicklungen in der heutigen Zeit immer schneller voranbewegen, will ich Ihre Zeit und Geduld nicht unnötig strapazieren, indem ich, wie viele andere Ratgeber, Hunderte von Seiten zu einem Thema abhandle und im Endeffekt doch nur immer über dasselbe spreche. Denn Sie, lieber Leser, liebe Leserin, wollen Entwicklung, und zwar hier und jetzt und ohne Umweg, und die verdienen Sie auch, wenn Sie dieses Buch lesen! Daher spiele ich lediglich den Katalysator und liefere Ihnen genau jene Informationen, die Sie benötigen, um mit minimalem Zeitaufwand das Maximum herauszuholen. Dabei werde ich keine Rücksicht auf Ihre möglicherweise zarten Befindlichkeiten nehmen, sondern aussprechen, was Sache ist. Auf den Punkt. Und ***auf die Fresse!***
Dafür steht dieses Buch.

Es stellt also Ihre bisherige Sicht vieler Dinge in Frage. Damit erklärt es Ihnen auch automatisch, was Sie bis jetzt möglicherweise aus manchen Betrachtungsweisen heraus »falsch« gemacht haben. Vielleicht ist es aber das, was Sie genau jetzt brauchen. Denn von einem bin ich wahrlich überzeugt: Es zahlt sich aus, sich selbst und sein Glaubenssystem immer wieder zu hinterfragen und auf Lücken zu überprüfen. Von mir erhalten Sie dafür kraftvolle Werkzeuge, die Ihnen helfen werden, diese Lücken zu schließen und die Ihr Leben in Zukunft in vielen Situationen einfacher machen.

Dieses Buch wird Sie nämlich auch begeistern. Weil Sie sich darin wiedererkennen. Weil es vieles bestätigt, was Sie immer schon instinktiv gespürt haben, ohne es formulieren zu können. Weil es Ihnen Hoffnung macht, Ihr Schicksal endlich in die eigenen Hände legen zu können. Die Informationen in diesem Buch sind so simpel und logisch, dass Sie sich fragen werden, warum Sie noch nicht selbst darauf gekommen sind. Sie werden unter anderem lernen, dass es keine Zufälle gibt, sondern dass das Universum eine unsichtbare Ordnung besitzt, die wir noch nicht in vollem Ausmaß kennen, und dass wir erfolgreicher und glücklicher werden, wenn wir nach den Gesetzen dieser Ordnung spielen. Abhängig von Ihrer Weltanschauung und Ihrer Bereitschaft, neue Erkenntnisse zuzulassen, werden Sie dieses Buch also anfänglich entweder lieben oder hassen. Und das ist so auch gewollt. Denn egal, was Sie von diesem Buch halten, eines will ich nicht: Dass es Sie kalt lässt!

Zu meiner Person nehme ich eines vorweg:
Ich bin weder ein Coach noch ein Guru. Ich bin ein Instrument. Ein Werkzeugkasten. Ein Auto, das Sie von A nach B bringt. Ich will Ihnen nicht sagen, was Sie tun sollen. Ich sage Ihnen, was ich gemäß den Gesetzen des Universums für richtig halte und selbst tun würde. Aus diesem Werkzeugkasten können Sie dann herausnehmen, was Sie wollen, sei es einen

Hammer, eine Zange oder einen Schraubenzieher.

Ich gebe Ihnen diese Werkzeuge an die Hand und erkläre Ihnen, wie Sie sie einsetzen. Und dennoch können Sie fast jede Aufgabe mit unterschiedlichen Werkzeugen lösen. Sollten Sie keinen Hammer zur Hand haben, lässt sich ein Nagel oftmals auch mit einer Zange einschlagen. Was auch immer Sie verwenden, Sie kommen auf vielen Wegen zum Ziel, solange Sie sich an die Physik halten. Nach der Lektüre dieses Buches werden Sie verstehen, dass die geistigen Gesetze ebenso der Physik gehorchen wie zum Beispiel die Schwerkraft und somit wie alle anderen Naturgesetze zu behandeln sind. Und diese Erkenntnis hat gewaltige Auswirkungen auf uns, denn das bedeutet, dass man dadurch vieles im Leben sowohl berechnen als auch voraussagen kann, anstatt ein hilfloses Opfer von Zufällen zu sein.

Vieles in Ihren übernommenen Denkweisen und Verhaltensmustern wird sich früher oder später nach der Lektüre dieses Buches ändern. Weil dieses Buch Sie geradezu animiert, gewisse Muster, die für Sie früher selbstverständlich waren, zu hinterfragen und am Ende nicht mehr zu akzeptieren. Plötzlich werden Sie den Kopf darüber schütteln, wie Sie gewisse Dinge früher angegangen sind. Mir und vielen meiner Wegbegleiter ist es so gegangen, daher weiß ich, dass Ihnen das ebenfalls passieren wird. Und das ist gut so.

Ich wünsche mir daher, dass Sie die Informationen in diesem Buch *in Leichtigkeit* (diesen Ausdruck erkläre ich an späterer Stelle) und Freude annehmen und von ihnen profitieren. Und da ja bekannt ist, dass man Krisen mit Humor am leichtesten bewältigt, habe ich viele der beschriebenen Themen in

Form von satirischen Geschichten dargestellt, die Ihnen vielleicht den ein oder anderen Schmunzler entlocken werden.

Vielleicht stolpern Sie aber auch über Kapitel, wo Sie sich nur an den Kopf greifen oder sogar wütend das Buch weglegen wollen; Sie sagen sich: »Jetzt ist's aber genug mit den Provokationen, sowas weigere ich mich weiterzulesen!« Dann rate ich Ihnen eindringlich, den Informationen nach meiner auf Seite 36 formulierten Warnung dennoch eine Chance zu geben. Testen Sie die Informationen! Machen Sie vielleicht sogar ein Spiel daraus! Aber handeln Sie immer selbstständig, so wie Sie ein Thema gerade spüren. Und nicht, nur weil ich es hier so niederschreibe.

Ich selbst habe mich bei gewissen Themen Wochen oder sogar Monate geweigert, sie zu akzeptieren, wurde aber stets eines Besseren belehrt. Und so wird auch bei Ihnen der Zeitpunkt kommen, wo Sie eine Situation beobachten oder erleben, in der Sie plötzlich sagen werden: »Moment mal, das habe ich doch schon mal wo gelesen«. Und vielleicht finden Sie dann heraus, dass Sie früher noch nicht bereit für die entsprechende Information waren. Ich kann Ihnen mittlerweile jedenfalls bestätigen, dass das vollkommen normal und menschlich ist, denn eine uralte Weisheit besagt:

»Ist der Schüler bereit, erscheint der Lehrer.«

Warum aber halte ich die hier vorliegenden Informationen für so wichtig? Am einfachsten lässt sich das vielleicht wieder mit einem Vergleich veranschaulichen. Visionär, Technikpionier und Tesla-Gründer Elon Musk beantwortete einmal folgendermaßen die Frage, wie er es schaffe, so schnell dazuzulernen:

»Wissen und Entwicklung muss man wie einen Baum sehen. Erst wenn man die Grundprinzipien, also den Stamm, versteht, kann man sich um die Details, also die Blätter kümmern.«

In unserem Fall bedeutet das: Erst wenn wir die grundlegenden Gesetze des Universums verstanden haben, können wir beginnen, einer stabilen Entwicklung nachzugehen. Oder anders ausgedrückt: Ein begnadeter Quantenphysiker wird es vermutlich nicht schaffen, glücklich zu werden, wenn er neben den physikalischen Gesetzen nicht auch die geistigen versteht. Ebenso macht es in meinen Augen relativ wenig Sinn, sich höchst spirituellen Praktiken hinzugeben, wenn man nicht gleichzeitig über einen kräftigen Stamm mit der Erde verwurzelt ist. Die Unzahl an »spirituellen« Menschen, die kaum in der Lage sind, mit den simpelsten Anforderungen des Alltags, wie etwa dem Wechseln einer Glühbirne, zurechtzukommen, beweist diese These nachdrücklich.

Denn was nützen Ihnen viele Bücher, Techniken oder Coaches, wenn es schon an der Basis mangelt? Wenn Sie oben Treibstoff hineinschaufeln, der unten ungehindert wieder ausläuft? Wie wollen Sie ein Fass füllen, das Löcher hat? Sie werden mir sicher beipflichten, dass das nicht funktionieren kann. Solange Sie also undichte Stellen haben, können Sie soviel Energie in Ihr Gefäß hineinschütten, wie Sie wollen, sie wird einfach ungenutzt wieder aus Ihnen herausfließen. Und dennoch versuchen viele Menschen aus Unwissenheit mit gigantischem Aufwand an Disziplin und Ausdauer, das Fass schneller zu füllen als es wieder auslaufen kann, was im Endeffekt viel Energie kostet, die sie nicht haben oder woanders besser einsetzen könnten. Sehr schnell kommen

Sie sich dadurch unter Umständen auch wie ein Versager vor, denn Ihnen wird suggeriert, dass es ein Leichtes wäre, das zu schaffen, weil es schließlich schon viele andere vor Ihnen geschafft haben. Die allerdings alle nicht Sie sind und deren Geschichte Sie nicht kennen. Möglicherweise verzweifeln Sie auch, weil Sie sich denken, Sie hätten nicht genug Willenskraft. Dann verrate ich Ihnen jetzt ein Geheimnis:

Willenskraft nutzt Ihnen gar nichts!

Ganz im Gegenteil: Arbeiten Sie den Energielecks mit purer Willenskraft entgegen, werden Sie vielleicht sogar erfolgreich, aber mit ziemlicher Sicherheit früher oder später krank werden. Auf diesen Mechanismus gehe ich im Verlaufe des Buchs näher ein. Und genau davor will ich Sie schützen, denn das oberste Gebot all meiner Anleitungen ist:

Erfolgreich und GLEICHZEITIG gesund.

Daher freue ich mich, Ihnen hiermit die Basis, also den Stamm, näherzubringen. Und diese Basis kann nur stabil sein, wenn Sie vorher die größten Energielecks schließen, die aufgrund von Nichtbeachtung oder Unkenntnis der geistigen Gesetze des Universums entstehen. Und das ist weitaus simpler, als Sie denken, wie Sie bald herausfinden werden.

In diesem Sinne wünsche ich Ihnen erkenntnisreiche und unterhaltsame Momente beim Lesen dieses Buchs, mit dem ich Ihnen aus tiefstem Herzen dienen will. Umgekehrt ermöglicht mir die Aussicht, dass die hier vorliegenden Gedanken den einen oder anderen Menschen in seiner Entwicklung inspirieren, meiner Bestimmung weiter nachzugehen.

Mit meinem Partner Christian Seitz bei der Verleihung des österreichischen Musikpreises »Amadeus« im Jahr 2001. Vermutlich der Höhepunkt an Überheblichkeit in meinem Leben.

1

Vom Verbraucher zum Schöpfer

»Es gibt an dieser Welt nichts zu verbessern, aber sehr viel an sich selbst.«

THORWALD DETHLEFSEN

Wir schreiben das Jahr 2001.

Es ist 14 Uhr an einem Dienstag. Wie jede Woche wanke ich die Treppen hinauf zu meinem Spiritual Coach. Ich nenne ihn zumindest so. Nachgefragt habe ich nie, wie er seine eigene Tätigkeit bezeichnet. Ist vermutlich auch irrelevant. Ein leichtes Ziehen im hinteren Teil der Großhirnrinde erinnert mich an den ein oder anderen Wodka letzte Nacht, oder liegt's doch eher am Red Bull? Egal! Ich bin bestens gelaunt, und das liegt daran, dass ich wieder einmal eine Nacht so hinter mich gebracht habe, wie ich sie mir vorstelle. Mit allem, was dazugehört. Geendet hat diese wie üblich in meinem Innenstadt-Penthouse, denn als erfolgreicher Musikproduzent, der die Wände flächendeckend mit goldenen Schallplatten tapeziert hat, muss man doch schließlich zeigen, was man hat.

Nachdem ich zunächst die Dame der spontanen Wahl mittags relativ flott verabschiedet hatte, um meinen Termin nicht zu verpassen, war ich selbst auch recht zügig aus der Wohnung geflüchtet, ohne genauer nachzusehen, ob in den anderen Zimmern noch irgendwelche Alkoholleichen auf Auferstehung warteten. Wenn ich wieder heimkomme, werden die schon alle weg sein. Hoffe ich jedenfalls. Ein schlechtes Gewissen oder ähnliches habe ich nicht. Warum auch? Lustig war's. Ob ich meine Bettgenossin in baldiger Zukunft wieder sehe? Keine Ahnung, darüber werde ich morgen nachdenken. Habe ich mir zumindest vorgenommen. Liebe im traditionellen, partnerschaftlichen Sinn nimmt in meinem Leben keinen besonders hohen Stellenwert ein. Selbstbestätigung jedoch sehr wohl, weswegen ich das weibliche Geschlecht emotional immer schön dezent auf Sicherheitsabstand halte. Beim Verlassen der Wohnung stelle ich aus den Augenwinkeln gerade noch fest, dass mein »öffentlich« zugänglicher Vorrat an Zigaretten massiv geschrumpft war und ich notiere auf meiner geistigen To-do-Liste einen baldigen Besuch im Tabakladen. Schließlich will ich ja ein guter Gastgeber sein. Das nämlich gehört hingegen eindeutig zu meinen Prioritäten.[1]

Man könnte also meinen, mein Leben bedarf keines Updates. Mein Weltbild ist gefestigt und meine Richtlinien[2] sind klar abgesteckt. Alles passt, so wie es ist. Oder doch nicht? Ich gebe Ihnen also vollkommen recht, sollten Sie sich an dieser Stelle fragen: Wieso geht man zu einem Coach, wenn alles eitel Wonne ist und man sich am vermeintlichen Höhepunkt seiner Karriere befindet?

Ich verrate Ihnen etwas: Mittlerweile weiß ich es, und mittlerweile würde ich es auch jedem empfehlen. Damals hingegen wusste ich es nicht, sondern hatte nur das diffuse, intuitive Gefühl (das ausnahmsweise nicht dem Alkohol geschuldet war), dass ich vom Ende meines Weges noch

1 Meine Hauptprioritäten damals: Feiern, Frauen und Musik sowie alles, was zur schnellen Selbstbestätigung beiträgt. NICHT zu den Prioritäten zählte hingegen: Familie, Gesundheit, Respekt vor Frauen und vor allem, Ratschläge von anderen anzunehmen.

2 Es stellte sich heraus, dass ich damals noch nicht einmal wusste, was Richtlinien überhaupt sind. Mehr darüber später in diesem Buch.

Lichtjahre entfernt war. Ich will jetzt zwar nicht behaupten, das Ziel bereits erreicht zu haben, doch ich habe eine viel wertvollere Erkenntnis gewonnen: Dass es nämlich nie darum geht, sich von Zielen abhängig zu machen. Denn der vielzitierte Werbespruch »Der Weg ist das Ziel« ist ausnahmsweise einmal ein Werbespruch, den ich zu hundert Prozent unterschreiben kann. Sollten Sie bis jetzt darüber gelächelt haben, dann rate ich Ihnen, diesen ebenso ernst zu nehmen wie ich. Argumente dafür werde ich im Laufe dieses Buches noch genügend vorbringen.

Nun gut! Frohen Mutes betrete ich also die heiligen Hallen meines Coaches in der Erwartung, von meinen tollen Erlebnissen der letzten Woche als erfolgreicher Gewinnertyp zu erzählen und mir dabei selbst auf die Schulter zu klopfen, wie elegant ich doch Beruf, Privatleben und Spiritualität verbinde. Komischerweise verfällt der Coach aber nicht in dieselbe Euphorie wie ich, sondern versucht dezent, das Thema zu wechseln. Ich bin enttäuscht, hatte ich doch letzten Abend (oder war's schon in der Nacht?) ein paar interessante Leute kennengelernt und bin der Annahme, dass dies etwas Erzählenswertes darstelle. Mein Coach verwickelt mich jedoch in Themen, die ich in dem Moment für vollkommen belanglos halte, noch dazu, wo er mich sonst jede Woche ausgiebig zu den Erfahrungen der Vorwoche interviewt.

Als ich die Treppen wieder Richtung meines Porsches hinunter schreite, bin ich verwirrt. Bezahle ich den Coach doch nicht schließlich dafür, dass er mich in meinem Leben anleitet und dabei unterstützt, richtige Entscheidungen zu treffen? Natürlich hat er erkannt, dass ich mich auf dem Holzweg befinde, sonst hätte er nicht so reserviert reagiert. Natürlich hat er auch erkannt, dass ich mich mit Leuten umgebe, die vermutlich weder mir noch sonst jemandem guttun. Doch außer ein paar generellen Weisheiten und dem üblichen Blabla, auf sein Herz zu hören, ist nicht viel übriggeblieben. Seine Meinung dazu hat er jedenfalls nicht abgegeben. Was mir durchaus nicht geschadet hätte. Noch dazu, weil ich ein sehr kopfgesteuerter Mensch bin.

Naja, vielleicht ergeben sich mir nächste Woche mehr Erkenntnisse. Falls ich es diesmal schaffe, ohne Restalkohol zu erscheinen.

Zwei Wochen später:

Heute findet die Verleihung des österreichischen Musikpreises, des sogenannten *»Amadeus«* statt. Ich bin auf Level 3000, weil ich diesmal zwei bis drei dieser Preise abstauben werde. Die »Einserpanier« (gesprochen »Ansapanier«, wienerisch für »mein schönstes Ausgehgewand«) für den Abend ist frisch aus der Reinigung geholt, weiblicher Aufputz organisiert und diverse weitere Hilfsmittel zum Fröhlichsein sind auch am Start.

Zuvor gönne ich mir aber zur Feier des Tages noch ein besonderes Highlight: Meine vierteljährliche Session mit dem Nonplusultra der zeitgenössischen Esoterik. Diese erwartet mich in Form einer äußerst spannenden und sympathischen jungen Dame. Ihre Spezialität: Kommunizieren mit den Engeln, Reinigen der Chakren, Geradebiegen der Meridiane und auf Wunsch auch noch Meditation und systemische Aufstellungen. Das volle Programm also. Ich leiste mir zwei Stunden, stelle ein paar Fragen, bekomme ein paar Antworten, werde einmal energetisch komplett gereinigt (zumindest glaube ich das) und verlasse das Coaching wie ein Ferrari nach einem Hunderttausend-Kilometer-Service.

Jetzt, wo ich mir sozusagen die energetische Absolution geholt habe, kann's ja am Abend richtig abgehen mit Sex & Drugs & Rock ‚n' Roll! Ich fühle mich unbesiegbar und weisheitstechnisch nur knapp hinter Jesus, Buddha und Bill Gates. Echte Erkenntnisse, die ich aus dieser Coachingsitzung mitgenommen habe und die mir in Zukunft den Weg weisen könnten: Keine.

Echte Erkenntnisse, die ich aus zwei weiteren Jahren regelmäßiger und kostenintensiver Coachingsitzungen mitgenommen habe: Ebenfalls bedenklich wenige. Es war zwar spannend, aber von Persönlichkeitsentwicklung, wie man sie heute kennt, keine Spur. Ganz im Gegenteil, ich bin weitgehend derselbe Depp wie zuvor. Und das macht sich bald schon bemerkbar.

Vier Jahre später:

Das Musikbusiness beginnt zu schwächeln. Die illegalen Downloads werden mehr, die Verkaufszahlen sinken. Einige aus der Branche beginnen, sich darüber Gedanken zu machen, wie sie sich neu positionieren können, um den zukünftigen Anforderungen gerecht zu werden. Ich nicht.

Denn ich bin ja der Meinung, ich hab's begriffen, und glaube, zu Recht stolz darauf sein zu dürfen. Ich checke nämlich nicht nur das Musikbusiness, sondern auch gleich den Rest des Lebens in seiner Gesamtheit dazu. Daher versuche ich nach wie vor, in meinem Mini-Universum alles genauso zu machen, wie ich es seit Jahren gemacht habe. Der einzige Unterschied: Das Projekt, welches uns jahrelang genährt hat, ist abgeschlossen, und der Partner, der mir vorher alles Geschäftliche abgenommen hatte, geht seine eigenen Wege. Aber was soll's. Das kann ich doch auch. Oder doch nicht?[3]

Ich merke, dass alles, was damals noch mit Leichtigkeit geklappt hat, mittlerweile immer mühsamer wird und Unmengen an Energie erfordert. Ich merke allerdings noch immer nicht, dass ich schon längst falsch (oder genau genommen NICHT) abgebogen bin und mich, anstatt mich weiterzuentwickeln, in ein Hamsterrad manövriere, indem ich mich weigere, aus Erfahrungen zu lernen und Ursachenforschung zu betreiben. Feedback oder Tipps meiner Coaches dazu: Nichts Brauchbares.

3 Sie haben es sicher schon erraten: Ich konnte es NICHT!

Zehn Jahre, fünf Coaches und ca. fünfzig »esoterische« Bücher später:

Das Musikbusiness ist endgültig an die Wand gefahren, die Bank hat mir meine finanziellen Mittel gestutzt, und ich sitze nach wie vor restalkoholisiert in meinem Heimstudio und bastle an irgendwelchen Songs für absteigende Ex-Sportler oder aufsteigende Politiker. Auf Druck versuche ich, den Glamour meiner Hochblüte in der Öffentlichkeit zu retten. Die Eigenschaft, mit der ich glaube, das bewerkstelligen zu können: Überheblichkeit. Und selbstverständlich niemanden näher an mich heranlassen, der eventuell herausfinden könnte, dass mein Leben überwiegend fake ist. Schon gar keine Frau.

In meinen einsamen Momenten rätsle ich noch immer, was denn genau in den letzten zehn Jahren schief gegangen ist. All die Coaches. All die Bücher. All die Weisheiten. Ich war doch ganz vorne dabei?! Ich weiß so viel. Ich kann überall mitreden. Ich kenne viele spirituelle Konzepte und verfolge sogar brav die Anleitungen von »*The Secret*«, einem Film, der damals einen regelrechten Hype um das Manifestieren von Wünschen auslöste. Und dennoch befinde ich mich in einer Midlife Crisis, wie ich sie mir selbst nie vorstellen konnte. Kurz gesagt: Ich bin im Arsch!

Nun gut. Was macht ein Mann also üblicherweise in der Midlife Crisis? Meist sind es folgende drei Optionen: Ein neues Auto. Eine neue Frau. Oder er beschließt, zu studieren. Für den Kauf eines Autos oder einer Frau reicht das

Budget nicht. Also trete ich die Flucht nach vorne an. Ich mache das Einzige, was mir noch geblieben ist. Ich konzentriere mich auf das Wesentliche und suche weiterhin nach Antworten.

2020:

Ich habe die Midlife Crisis überstanden. Ich weiß wieder, wer ich bin. Ich weiß wieder, was ich kann. Ich weiß wieder, was ich will. Ich kenne mein Ziel nicht, aber ich kenne meinen Weg. Ich kenne meine Stärken und meine Schwächen und habe festgestellt, dass jede Schwäche auch eine Stärke sein kann und umgekehrt, je nachdem, in welchem Kontext man sie betrachtet. Und diese Erkenntnis halte ich für äußerst elementar, denn genau diese half mir zum ersten Mal in meinem Leben, anders gestrickte Menschen, im Speziellen Frauen, zu respektieren. Früher konnte ich nie über meinen kopfgesteuerten Schatten springen und verurteilte daher Menschen, deren Denkfähigkeit vielleicht nicht ganz mit meiner mithalten konnte, die mir jedoch in Sachen Intuition und emotionaler Intelligenz meilenweit voraus waren. Ich war nicht bereit, dies als Qualität zu akzeptieren. Das bedeutete also, dass meine, von mir selbst natürlich hochgeschätzte, logische Intelligenz nur in fünfzig Prozent der Fälle nützlich war, mir in den anderen fünfzig jedoch eher schadete. Gleichzeitig wurde ich zum Beispiel darauf hingewiesen, dass mein saloppper Umgang mit Geld, den ich stets an mir kritisierte, von meinem breiten Umfeld als liebenswerte Großzügigkeit außerordentlich geschätzt wurde.

Sie sehen also, viele Eigenschaften finden sich subjektiv lediglich auf einer Seite einer Medaille, weil man sie in seiner Interpretation dort ansiedelt, obwohl sie eigentlich die ganze Medaille ausfüllen. Geben Sie sich daher nicht der Illusion hin, Schwächen ausmerzen zu können, sie werden Ihnen als Teil Ihrer Persönlichkeit immer erhalten bleiben. Versuchen Sie stattdessen, Ihre Schwächen als Instrument zu nutzen und zu Ihren Stärken zu machen.

Woher aber diese ganzen Erkenntnisse überhaupt kommen? Das mag jetzt für manche absurd, für viele aber logisch klingen. Und zwar, Überraschung, selbstverständlich durch eine Frau. Irgendetwas dürfte aus meinen unzähligen Coachingsessions also doch hängengeblieben sein, denn das Universum meint es gut mit mir und zeigt mir zum ersten Mal, wie sich das Leben anfühlt, wenn man sein Herz öffnet. Zum ersten Mal in meinem Leben erkenne ich, was männliche und weibliche Energie im Einklang bewirken kann. Zum ersten Mal im Leben verstehe ich den Spruch »Hinter jedem erfolgreichen Mann steht eine starke Frau«, und zwar in der Hinsicht, dass erst Mann und Frau auf Augenhöhe ein wirklich funktionierendes Team sind. Sechs Jahre Beziehung habe ich für diese Erkenntnis gebraucht. Ja, Sie werden sich jetzt vielleicht an den Kopf greifen, aber, wie bereits erwähnt, in solchen Dingen war meine intuitive Auffassungsgabe bis dato nur geringfügig über Null angesiedelt. Mittlerweile halte ich dieses Thema jedoch für so wichtig, dass ich ihm in absehbarer Zeit ein eigenes Buch widmen werde.

Bei der hier angesprochenen jungen Dame handelt es sich um Margarita, ursprünglich aus Moskau stammend, aber in Wien aufgewachsen. Erst bei ihr konnte ich mein Herz weit genug öffnen, um all diese Informationen zu verarbeiten. Erst sie hat all das geschafft, was kein Coach davor jemals bewerkstelligen konnte, nämlich mir gleichzeitig Weisheit zu liefern und einen Spiegel vorzuhalten, um aus den Weisheiten überhaupt erst Erkenntnisse zu generieren. Ich kann mit Fug und Recht behaupten, dass sie der beste Coach ist, den ich in meinem Leben je hatte. Und wissen Sie was? Dazu brauchen Sie als Mann keinen weiblichen Coach zu heiraten. Es reicht vollkommen, die Frau an Ihrer Seite in ihrer Entwicklung und ihrer Intuition zu unterstützen, und schon ist die Partnerschaft an sich das beste Coaching, das man sich vorstellen kann. Und zwar für beide.

Da Margarita mittlerweile aber tatsächlich als Coach tätig ist, werden wir auch noch viele Projekte wie weitere Bücher, Videos, Seminare oder ganze Lehrgänge gemeinsam konzipieren und umsetzen.

Ich denke jedenfalls immer wieder zurück an all die Coaches, die Teil meines früheren Lebens waren. Ich habe erkannt, dass ich sie alle kennenlernen musste, um dorthin zu gelangen, wo ich jetzt bin. Damals haben sie mir die Tür zur Spiritualität geöffnet. Dennoch konnte keiner von ihnen mir das sagen, was ich mir am meisten gewünscht hätte. Nämlich, was ich alles falsch gemacht habe. Ich hätte mir gewünscht, dass sich einer von ihnen vor mir aufgebaut und mir ins Gesicht geklatscht hätte: »Alter, jetzt reicht's, so kann's nicht weitergehen!« Vielleicht hätte ich es dennoch ignoriert, vielleicht hätte es mich aber auch zum Nachdenken gebracht. Vielleicht musste ich den Weg auch so gehen. Egal. Das, was ich damals vermisste, gebe ich heute an Sie weiter.

Klar, möglicherweise ist das nicht die Art von Coaching, die sich viele Leute für sich vorstellen. Im Speziellen die Leute, die dem Irrglauben unterliegen, alles positiv sehen zu müssen. Die denken, Spiritualität sei ein Spaziergang durch Blumengärten und Regenbögen und habe zum Ziel, Gott näherzukommen. Wie Sie aber anhand des Titels dieses Buches sicher schon erkannt haben, spreche ich in erster Linie diejenigen Leute an, die wissen wollen, wie sie schnelle Ergebnisse erzielen.

Natürlich könnte man auch argumentieren, dass man manche Erfahrungen unbedingt selbst machen muss, um daraus zu lernen. Dazu sage ich: Kann man, muss man aber nicht. Je mehr man sich im Fluss befindet, desto weniger negative Erfahrungen braucht man selbst zu machen, um positive Ergebnisse zu erzielen. Und um in diesen Fluss zu gelangen, hat man mehrere Möglichkeiten. Eine davon ist, sich mit seinem Partner gemeinsam weiterzuentwickeln und im Einklang zu sein. Vielen bleibt, zum Beispiel weil sie single sind, diese Option jedoch verwehrt.[4] Dann benötigt man oftmals einen Coach, der einem vor Augen

4 Ich war größtenteils nicht nur single, sondern empfand Frauen, die auch nur den Hauch einer Beziehung mit mir anstrebten, als regelrechte Bedrohung.

führt, welche Tatsachen und Denkmuster man zumindest »neu bewerten« könnte, nett ausgedrückt. Ich persönlich stehe aber eher auf die direkte, politisch nicht korrekte Art. Ich will den Schmerz der Wahrheit durch meinen Coach erfahren und nicht durch das Leben! Sollte das Leben mich trotzdem nochmals darauf hinweisen, weiß ich schon Bescheid, bin gewappnet und habe dadurch in Krisensituationen einen enormen Informationsvorsprung!

Denn dies ist die Art von Coaching für alle Leute, die bereit sind, wirklich etwas zu ändern. Die bereit sind, alles hinter sich zu lassen, was sie vielleicht mal gut gefunden und geschätzt haben. Die lernen wollen, was es heißt, vollstes Vertrauen in alles zu haben, was passiert, weil es einem dienen will. Diese Leute sind hier richtig. Denn in diesem Buch erzähle ich davon, was man nicht machen sollte. Das, was jeder von uns vermutlich aber schon x-mal praktiziert hat und sich gewundert hat, warum ein Projekt nicht funktioniert hat, ein Geschäft nicht gemacht wurde, ein Auftrag an jemanden anderen vergeben wurde, eine Beziehung in die Brüche ging oder gar ein psychisches oder physisches Leiden aufgetreten ist.

Warum ich glaube, das zu wissen? Weil ich beobachte. Weil ich reflektiere. Weil ich erkannt habe, dass das Universum simplen Gesetzen folgt. Und weil diese Gesetze für jeden nachvollziehbar sind. Kein Esoterik-Hokuspokus. Kein religiöser Glauben. Sondern simple Physik!

Warum ich Ihnen das erzähle? Weil Sie, wie ich finde, ein Recht darauf haben, diese Informationen zu erhalten. Ich hätte mir jemanden gewünscht, der mir sie schon vor zwanzig Jahren präsentiert hätte. Irgendwann werden sie ohnehin zum Allgemeingut. Also betrachte ich mich einfach als Werkzeug des Universums, um diesen Prozess zu beschleunigen. Das klingt jetzt zu esoterisch? Okay, da haben Sie Recht. Ich formuliere es gerne auch anders: Wenn es ich nicht mache, macht's halt irgendwann ein anderer. Warum aber ganz speziell ich? Weil ich jede einzelne Regel gebrochen habe, von der ich Ihnen erzähle. Und die Konsequenzen zu spüren bekommen habe. Ich bin also somit an Kompetenz kaum zu überbieten. Und überdies bereitet es mir Spaß und Freude. Mehr gibt's dazu eigentlich gar nicht zu sagen.

Bevor wir nun aber ernsthaft zur Sache schreiten, gibt's noch eine kleine ...

WARNUNG

Lesen Sie NICHT weiter, wenn …

- *… Sie dieses Buch als Unterhaltungslektüre betrachten und nicht ernsthaft vorhaben, etwas davon umzusetzen.*
- *… Sie auf Ihrer aktuellen Sicht der Dinge beharren und von vornherein das Gefühl haben, Sie könnten im Widerstand zu einigen Informationen sein.*
- *… Sie genau zu wissen glauben, was richtig oder falsch beziehungsweise gut oder schlecht ist.*

Einiges, was Sie hier lesen werden, könnte nämlich möglicherweise nicht zu Ihrem bisherigen Weltbild passen und Ihnen daher Angst machen. Das sollte nicht passieren und liegt auch nicht in meinem Interesse, denn ein guter Coach kommt ohne Angstmacherei aus. Dennoch wird vielleicht die eine oder andere Information in Ihnen ein ungutes Gefühl hinterlassen.

Lassen Sie sich jedoch gesagt sein, dass jede hier vorliegende Information Ihnen zu hundert Prozent dienen will. Ich bemühe mich daher, alles so auszudrücken, dass es so konstruktiv wie möglich aufgefasst und vor allem so einfach wie möglich umgesetzt werden kann.

Sobald Sie auf ein Kapitel, einen Absatz oder eine einzelne Information stoßen, die Ihnen ein erfreutes oder erstauntes »Aja, da könnte ja wirklich was dran sein« entlocken, beginnt die entsprechende Information schon in diesem Moment auf Sie zu wirken. Das bedeutet, dass Sie ab diesem Moment öfter mit Situationen konfrontiert sein werden, die entsprechende Handlungen bewusst erfordern, als davor, als Sie noch nichts davon wussten. Oder anders ausgedrückt: Wenn Sie in diesem Buch von einer neuen Richtlinie hören und diese für interessant oder schlüssig halten, dann kann oft ein »unangenehmer« Aha-Effekt entstehen. Das Unangenehme daran ist vor allem, dass wir die neue Richtlinie unbewusst als wahr empfinden, unser Ego sich jedoch möglicherweise dagegen sträubt, eine alte, liebgewonnene Richtlinie dafür aufzugeben. Nun entsteht automatisch ein Konflikt in unserem Inneren, der sich im Außen über negativ wahrgenommene Ereignisse wie Konfrontation, Widerstände, Energieverlust oder Krankheit manifestieren kann. Warum dem so ist, werde ich im Fortlauf des Buches noch im Detail erklären.

Lesen Sie jedoch das ganze Buch und sagen durchgehend »so einen Blödsinn habe ich überhaupt noch nie gelesen«, dann hilft Ihnen das auch nicht weiter. Denn durch Ihren bloßen Widerstand beginnen Sie ebenfalls, mit den Informationen zu interagieren.

Auch das halten Sie für Blödsinn? Haha, na gut, ich erklär's Ihnen: Sobald Sie in irgendetwas Energie in Form von Emotionen hineinstecken, interagieren Sie schon. Ob das nun freudige Zustimmung oder empörte Ablehnung ist, spielt keine Rolle. Denn wie Sie im Verlauf des Buches erfahren werden, unterscheidet das Universum nicht zwischen »gut« und »schlecht«, sondern nimmt lediglich zur Kenntnis, dass Sie einer Information Aufmerksamkeit und somit Energie schenken. Ihre einzige Chance, ohne jeglichen Effekt dieses Buch zu »überstehen«, wäre, wenn Sie es jetzt oder relativ bald aus der Hand legen, vorausgesetzt, es interessiert Sie einfach nicht, was darin steht.

Oder vielleicht hilft Ihnen in dem Zusammenhang ein kleines Beispiel, selbstverständlich aus meinem eigenen Erfahrungsschatz, weiter:

Sie wollen sich einen gemütlichen Tag machen, doch plötzlich klingelt Ihr Handy. Der Anruferkennung entnehmen Sie, dass es sich um das Finanzamt, den Anwalt Ihrer zukünftigen Exfrau oder Ihren Chef handelt. Sie heben jedoch nicht ab, sondern beschließen, sich mit der Vogel-Strauß-Taktik aus der Affäre zu ziehen. Die möglicherweise unangenehme Nachricht hat nun den Weg zwar noch nicht zu Ihnen gefunden, der gemütliche Tag ist aber dennoch im A.... Oft ist es sogar noch schlimmer, als wenn Sie sich den Tatsachen gestellt hätten. Wären Sie hingegen komplett unerreichbar, wäre die Information zwar immer noch dieselbe, in dem Fall aber hätten Sie zumindest Ihren gemütlichen Nachmittag verbringen können.

Ähnlich wie in dieser Geschichte verhält es sich mit den geistigen Gesetzen. Prinzipiell gelten sie immer und überall. Inwieweit sie sich Ihnen aber schneller oder langsamer offenbaren, hängt davon ab, wie stark Sie mit ihnen in Wechselwirkung treten.

Und das sollte als ausdrückliche Warnung aufgefasst werden. Das Ignorieren der geistigen Gesetze in vollem Bewusstsein führt nämlich dazu, dass das Universum Sie in immer kleineren Intervallen auf ihre Existenz hinweisen wird, solange, bis Sie sich dazu bereit erklären, daraus zu lernen.

Warum das allerdings so ist, tja, dazu müssen Sie wiederum dieses Buch lesen. Also entscheiden Sie sich JETZT, ob Ihre Neugierde genauso groß ist wie Ihre Bereitschaft zur Veränderung!

Sie sind noch da? Na, dann sage ich:

WILLKOMMEN ...

... zu einem Buch der anderen Art.

Dieses Buch wird Ihnen Informationen vermitteln, die Sie wahrscheinlich in dieser Form und dieser Deutlichkeit noch nicht gehört haben. Dieses Buch wird Sie absichtlich provozieren. Denn dieses Buch will Ihnen dienen. Um dieses Ziel zu erreichen, habe ich bewusst zur Form der »Provokativen Therapie«, eine von Frank Farrelly entwickelte Form der Psychotherapie, gegriffen, die vermutlich nicht jedermanns Sache ist, mir aber ziemlich sicher Ihre Aufmerksamkeit sichert. Hier soll *»mithilfe von humorvoller Provokation der Widerspruchsgeist, die Selbstverantwortung und die Eigenständigkeit des Klienten,* in diesem Fall also Sie, *geweckt und entwickelt werden«*[5] (Bevor Sie mich einen Plagiator schimpfen: Das habe ich übrigens aus Wikipedia zitiert).

5 Gleichzeitig entspricht das tendenziell auch meinem persönlichen Charakter, was Sie einerseits dem Titel des Buches, andererseits meinem Schreibstil entnehmen werden. Ich musste mich beim Schreiben daher nicht großartig verbiegen. Würde es diese Therapie noch nicht geben, hätte ich sie vermutlich selbst erfunden. Ich bin Herrn Farrelly aber sehr dankbar für seine Vorarbeit.

Auch aus diesem Grund habe ich die vorausgegangene Warnung formuliert, um klar auszudrücken, dass Sie sich durchaus angegriffen fühlen könnten.

In diesem Buch erfahren Sie,

- *welche Gefahren im Alltag lauern, die Sie Energie kosten, und über die Sie noch nie nachgedacht haben;*
- *wie sich sogenannte Energievampire an Ihnen bereichern wollen;*
- *mit welchen Ihrer eigenen Charaktereigenschaften Sie sich möglicherweise selbst sabotieren;*
- *wie Sie diese Fallen schnell erkennen und umgehen;*
- *welche Eigenschaften Leute besitzen, die man entweder mit Vorsicht genießen oder deren Nähe man suchen sollte.*

Zu diesem Zweck habe ich eine noch nie dagewesene Liste verfasst, auf die Sie sich schon freuen dürfen. Diese Liste bildet das Rückgrat aller Informationen, und, keine Sorge, ich werde Sie mit schöner Regelmäßigkeit daran erinnern.

Dieses Buch soll Ihnen einen kleinen Eindruck über meinen Blickwinkel auf die Welt und das Leben bieten. Sollten Sie sich in einigen der dargestellten Aspekte wiedererkennen, dann dürfen Sie sich in Zukunft auf viele weitere spannende (und ich garantiere Ihnen, es ist sehr spannend!) Publikationen von meiner Partnerin Margarita und mir in Form von Blogs, Videos und Büchern freuen.

Am Ende des Buches finden Sie als Bonus noch die erwähnte, in meinem Umfeld bereits berühmte, Liste als Link zum Downloaden, um sie auf Ihren Spiegel, Ihren Kleiderschrank, Ihren Kühlschrank oder, mein absoluter Favorit, auf Ihre Toilettentür, selbstverständlich innen, zu kleben.

Ich wünsche Ihnen viel Spaß beim Lesen und viele neue Erkenntnisse!

WAS ERWARTET SIE?

Ich rate jetzt einfach mal: Sie mögen ein spirituell belesener Mensch sein und die eine oder andere Technik beherrschen. Das *Gesetz der Anziehung* ist Ihr zweiter Vorname. Sie freuen sich jedes Mal wie ein kleines Kind, wenn Sie gerade etwas erlebt haben, was Sie als unerschütterlichen Beweis Ihrer positiven Lebenseinstellung betrachten. Und das wahrscheinlich sogar vollkommen zu Recht. Nach

Jahren intensiven Live-Studiums von *»The Secret«* gelingen Ihnen auch schon drei Dinge pro Tag, und das sogar regelmäßig. Millionär sind Sie allerdings immer noch nicht? Die Traumpartnerin oder der Traumpartner ist Ihnen auch noch nicht über den Weg gelaufen? Sie haben zwar Geld, sind jedoch nicht gesund? Kurz gesagt: Irgendwo holpert's noch. Irgendwo kommen Sie nach wie vor nicht recht vom Fleck.

Kennen wir alle. Das heißt, Sie halten die Augen offen nach potenziellen Hilfen und Lösungen. Sie beginnen, entsprechende Bücher zu lesen, die Ihnen *»100 Regeln«* vermitteln wollen, wie Sie reich werden. Sie kaufen Onlinekurse, die Ihnen *»66 Impulse«* versprechen, mehr Motivation zu entwickeln. Sie buchen teure Seminare und lernen *»20 Techniken, die Sie erfolgreich machen«* MÜSSEN, solange Sie sie jeden Tag praktizieren.

Macht Ihnen diese Vorstellung Stress? Also, ich persönlich bekomme die komplette Krise, wenn ich so etwas nur höre. Klingt alles irgendwie nach Arbeit. Und dann passiert das, was achtzig Prozent der Leute erleben. Sie geben irgendwann auf, weil sie keine sofortigen Ergebnisse erzielen, obwohl all diese Techniken vermutlich sogar super sind. Es ist alles wieder beim Alten.

Und das ist kein Wunder. Denn was nützen Ihnen viele Bücher, Techniken oder Coaches, wenn Sie vorne Energie hineinschaufeln, die hinten ungehindert wieder ausläuft? Das heißt, um all die Tipps der Motivationstrainer umsetzen zu können, brauchen Sie Unmengen an Energie und Zeit, die Sie schlichtweg nicht besitzen. Und genau hier sind wir beim Thema angelangt:

ENERGIELECKS

Das Wort muss man zunächst nicht großartig erklären. Irgendwie kann sich vermutlich jeder etwas darunter vorstellen. Vielleicht eine Heizung oder elektrische Anlage, die nicht die volle Leistung bringt? Vielleicht ein Fass, das an einer undichten Stelle Wasser verliert oder einen Reifen, aus dem Luft entweicht? Vielleicht bringen Sie das Wort aber auch schon in Zusammenhang mit esoterischen Konzepten und gehen davon aus, dass ich Ihnen erzähle, wie Sie vitaler und leistungsfähiger werden, indem ich Ihnen Techniken verkaufe, die das unterstützen. Möglichkeiten gibt es genug, und verkaufen will ich Ihnen hier erst recht nichts.

Sie haben also eine vage Vorstellung davon, was ich damit meinen könnte? Sie haben möglicherweise den Begriff gegoogelt und sind auf esoterische Webseiten gestoßen, die Ihnen, selbstverständlich mit vielen »spirituellen« Bildern geschmückt, erklären wollen, wie Sie verhindern können, dass wertvolle Energie aus Ihrem »Feld« entweicht oder Sie bereits entwichene Energie wieder zurückholen? Meist gekoppelt mit irgendwelchen Übungen oder Meditationen? Aber so weit lesen Sie vermutlich gar nicht, weil Sie nach wenigen Zeilen schon angewidert wegklicken. Nun gut, die Google-Suche kann ich Ihnen ersparen, indem ich das Ergebnis vorwegnehme:

Die meisten Suchergebnisse beziehen sich auf die spirituelle Energie, in fernöstlichen Kulturen auch *»Chi«* (oder *»Qi«*) genannt, und wie man sie lenken kann. All diese Methoden und Lehren haben ihre Berechtigung, darüber diskutieren wir hier gar nicht, haben aber so gut wie nichts damit zu tun, was Sie auf den folgenden Seiten von mir hören werden. Der wesentliche Unterschied zwischen den üblichen Techniken zur Chi-Beherrschung und meinen Themen ist folgender: Üblicherweise erklärt man Ihnen, was Sie tun müssen, um kurzfristig, vor allem in herausfordernden Situationen, Ihre Energie zu behalten oder, was weitaus gebräuchlicher und viel gefährlicher ist, fehlende Energie kurzfristig zu kompensieren. Es ist wie eine Energiespritze nach einem langen Arbeitstag. Hilft selbstverständlich. Kurz. Und am nächsten Morgen geht der Teufelskreis wieder von vorne los. Weiterentwicklung mit Hilfe dieser Techniken, ohne Selbstreflexion und Wille zur Veränderung: Noch immer keine. Ich hingegen erkläre Ihnen, was Sie von jetzt an für den Rest Ihres Lebens beachten können, um Ihre Gesamtenergie stabil halten zu können und auf dieser Basis sogar noch zu erweitern. Der »Nachteil« daran: Sie werden vermutlich einiges an Ihren Routinen und Denkweisen ändern müssen. Der Vorteil daran: Es ist dauerhaft. Um Ihr *Chi* brauchen Sie sich dann jedenfalls nicht mehr so viele Sorgen machen.

Worauf ich also hinaus will: Selbst wenn Sie drei Mal in der Woche Yoga und fünf Mal in der Woche Qi Gong machen, jeden Morgen zwei Stunden meditieren und sonst auch noch weitere Praktiken anwenden. Es wird Ihnen nicht viel nützen, wenn Sie nicht die generellen Energielecks, die sich im Alltag ständig auftun, schließen. Ganz im Gegenteil. Sie werden solche Techniken immer nur benutzen, um bereits existierende Energielecks kurzfristig zu stopfen. Somit brauchen Sie eine Anleitung, wie Sie verhindern, dass diese überhaupt erst entstehen. Und das finden Sie nicht auf Google. Daher ist es mir ein Bedürfnis, es Ihnen zu erzählen. Selbstverständlich handelt es sich hier um ein sehr umfassendes Thema, das man bis an sein Lebensende studieren kann. Das macht aber nichts, denn entscheidend ist, wie wir wissen, dass man damit beginnt. Daher beginne ich mit diesem Buch und einem Einblick in meine persönlichen Top Drei der Energielecks, die als erste geschlossen gehören.

Eines sage ich Ihnen jedenfalls auch vorweg über dieses Buch: Dies ist kein esoterisches, sondern ein pragmatisches Buch. Sie benötigen weder einen Gott, noch einen Glauben, noch Grundkenntnisse spiritueller Denkweisen. Sie benötigen lediglich Ihren Hausverstand und eine gewisse Offenheit neuen Denkansätzen gegenüber!

Sie brauchen auch aktiv keine Regeln befolgen oder gar tägliche Übungen praktizieren. Sie müssen nichts auswendig lernen, aber Sie können sich, wenn Sie wollen, gerne meine »***schlauen Sprüche***« merken. Alles, was es wirklich zu tun gibt, ist Ihrem Verstand Erkenntnisse zu erlauben. Von da an ändert sich Ihr Leben von selbst, weil sich die Informationen selbstständig und mit Leichtigkeit ihren Weg in Ihr Bewusstsein graben werden. Vorausgesetzt, Sie lassen es zu.

WOHER KOMMEN DIE INFORMATIONEN?

Wie Sie mittlerweile schon vermutet haben, bin ich weder erleuchtet geboren, noch eine Art Medium oder gar ein Guru. Das Geheimnis ist relativ simpel. All diese Informationen gibt es schon. Seit vielen Tausenden von Jahren. Oft wurden sie allerdings von Religionen und Geistesrichtungen, die sie entdeckten, missbraucht und in ihrer Interpretation manipulativ verwendet. Fakt ist jedenfalls, dass sie aus dem Allgemeinwissen der westlich-europäisch-amerikanischen Kultur weitgehend verschwunden sind. Wenn man jedoch in die ursprünglichen Wurzeln aller Religionen tiefer eintaucht, kann man sie wieder ans Licht holen und in unsere Hemisphäre, Zeit und Kultur importieren – was ich hiermit gemacht habe.

Nicht importieren lässt sich allerdings die Gesamtheit dessen, was wir nicht verstehen und vor allem nie verstehen werden: Die Frage nach der Quelle jeglicher Existenz, dem Ort, an dem weder Raum noch Zeit existieren und wo alle Informationen gespeichert sind. Größtenteils ist hier von *Gott* in unterschiedlichen Wörtern, Sprachen und Ausprägungen die Rede. In der esoterischen Literatur wiederum liest man Begriffe wie »*Alles, was ist*«, »*Urfeld*«, »*Nullpunktenergie*«, »*kollektives Bewusstsein*« oder Ähnliches. Ich selbst benutze für all dies, wie Sie vielleicht schon bemerkt haben, das Wort »*Universum*«, und zwar aus folgendem Grund:

Einige der in diesem Buch vorgestellten Gesetze - wie zum Beispiel das Gesetz der Resonanz - lassen sich längst mit der Quantenphysik des zwanzigsten Jahrhunderts erklären und beweisen. Sie sind somit ein Bestandteil unseres physischen (und übrigens endlichen) Universums, auch Weltall genannt, und kommen problemlos ohne die Definition von Gott aus. Andere Fragen wiederum liegen weit jenseits unserer Physik und Vorstellungskraft - wie etwa die Erschaffung jeglichen Bewusstseins an sich. Diese lassen sich nur durch die Existenz einer höheren Macht außerhalb unseres physischen Universums erklären.

Daher benutze ich der Einfachheit halber immer das Wort »Universum« als Sammelbegriff für den Ursprung aller in diesem Buch beschriebenen Gesetze, egal ob sie nun »geistiger« oder physikalischer Natur sind.[6] Dies ist aber lediglich meine persönliche Präferenz und ein Detail

6 Sollten Sie diese Philosophie jetzt nicht verstanden haben, dann macht das nichts. Ich verstehe sie nämlich auch nicht. Ebenso wenig wie der Papst oder Stephen Hawking, wenn er noch leben würde. Aber es war mir ein Bedürfnis, meine aktuelle Interpretation der Dinge hier zum Besten zu geben.

am Rande, um möglichen Missverständnissen im Rahmen der Lektüre vorzubeugen. Es steht Ihnen selbstverständlich vollkommen frei, stattdessen Ihren Lieblingsbegriff einzusetzen.

Warum dieses alte Wissen verloren ging, dazu gibt es unterschiedliche Theorien, die uns prinzipiell nicht interessieren müssen, Sie können aber davon ausgehen, dass die Entwicklung des (katholischen) Christentums einen hohen Anteil daran hat.[7] Für uns zählt nur, was wir aus diesem Wissen lernen und mitnehmen können. Selbstverständlich würde ich mir nicht anmaßen, unreflektierte Weisheiten auf Sie und den Rest der Menschheit loszulassen, aber wie Sie anhand meines »Lebenslaufs« vermutlich schon festgestellt haben, hatte ich ausreichend Zeit und Gelegenheit, die mir vorliegenden Informationen nicht nur einmal, sondern mehrmals zu verifizieren.

Denn, ja ich sag's gleich, ich bin ein schwerer Fall. Weniger als mindestens dreimal ins gleiche Fettnäpfchen zu steigen, löst bei mir keine Erkenntnisse aus. Wie ich aber anhand meines näheren Umfeldes festgestellt habe, gibt es sehr wohl Leute, die die hier dargelegten Tipps und Anleitungen sofort in die Tat und das tägliche Leben umgesetzt haben, und die seitdem auch tatsächlich ohne die üblichen, zu vermeidenden Katastrophen auskommen. Das macht

7 Sehr viel altes und spirituelles Wissen in Europa ging durch die Hexenverbrennungen im 16. und 17. Jahrhundert verloren. In Russland zum Beispiel gab es diese nicht, daher sind viele Informationen dieses Buches in der dortigen Gesellschaft weit verbreitet.

mir große Hoffnung, dass ich mit diesem Buch auf dem richtigen Weg bin und Ihnen, sowie vielen weiteren Menschen, auf Ihrem Weg in eine erfolgreiche, gesunde und glückliche Zukunft helfen kann. Ich garantiere Ihnen aber: Anderen Menschen dabei zu helfen, vorwärts zu kommen und Schöpferanteile zu kreieren, kann sehr glücklich machen. Das beweise ich mir mittlerweile fast täglich im Gespräch mit den Leuten.

Bevor Sie jetzt allerdings rätseln, was denn genau ich mit dem Wort »Schöpferanteil« ausdrücken will, lassen Sie mich dies erstmal definieren:

VERBRAUCHER UND SCHÖPFER

Um Ihnen zu vermitteln, wohin Sie eigentlich wollen, und vor allem, was Sie hoffentlich NICHT wollen, mache ich Sie zunächst mit den beiden wichtigsten Begriffen vertraut, die ich im Fortlauf dieses Buches der Einfachheit halber in der männlichen Form verwenden werde. Tatsächlich jedoch stehen Frauen den Männern sowohl bei positiven als auch negativen Eigenschaften in nichts nach.

In diesem Buch unterscheiden wir kapitelübergreifend zwischen **»SCHÖPFERN«** und **»VERBRAUCHERN«**.

Die Erklärung, was das Ganze denn mit Energien zu tun hat, ist simpel: Ein *Schöpfer* hat genug eigene Energie, braucht sie nicht anderen Leuten zu »stehlen« und ist somit in der Lage, abzugeben, wann immer er es für richtig hält und gerne macht. Ein *Verbraucher* hingegen benötigt fremde Energie, um zu funktionieren, und muss diese von anderen Menschen beziehen, was er auf die unterschiedlichsten Arten bewerkstelligen kann, wie Sie im nächsten Kapitel erfahren werden.

Daher benutze ich für diese Menschen gerne die Bezeichnung »*Verbraucher*«. Andere Wörter dafür wären Opfer, Täter, Vampire, Konserven, Parasiten, Satelliten usw. Suchen Sie sich für Ihren täglichen Sprachgebrauch gerne das aus, was Ihnen am treffendsten erscheint. Sollten Ihnen diese Ausdrücke zu »menschenverachtend« erscheinen, sei Ihnen gesagt, dass jeder Mensch Verbraucheranteile mit sich herumträgt, manche einfach nur mehr und manche weniger. Ich gehe sogar noch einen Schritt weiter und behaupte, dass ALLE Menschen von Grund auf tendenziell mehr Verbraucheranteile haben, weil es, ganz simpel gesagt, der bequemere Weg im täglichen Leben ist, sich mit Energie versorgen zu lassen, anstatt selbst welche zu generieren.

Wenn ich also im Laufe dieses Buches salopp über *»Verbraucher«* oder *»Schöpfer«* spreche, dann spreche ich lediglich über Leute, bei denen die Verbraucher- oder Schöpferanteile überwiegen. Keinesfalls will ich jemanden schubladisieren oder beleidigen, denn kein Mensch hat ausschließlich Verbraucher- oder Schöpferanteile.

Erst eine tiefere Erkenntnis, wie in meinem Fall schlechte Erfahrungen, oder eine Krankheit bewegen viele dazu, einen neuen Weg Richtung Schöpfertum einzuschlagen. Schöpfer wird man durch Lernprozesse und nicht, indem man als Schöpfer geboren wird. Lernprozesse wiederum entstehen durch Probleme und Herausforderungen. Die wenigen Menschen, die ich kenne, die nicht den Umweg über schweres Verbrauchertum machen mussten, sind vor allem diejenigen, die mit einer besonders glücklichen Kindheit in Liebe und Fülle ohne Dramen gesegnet waren, in der die Eltern eine herausragende Vorbildfunktion hatten. Und wie viele von uns können das schon von sich behaupten?[8]

Vielleicht wundern Sie sich auch gerade, dass in der Auflistung das Wort »Täter« vorkommt, nachdem Sie es doch aus dem gängigen Sprachgebrauch gewohnt sind, Täter und Opfer als zwei komplementäre Dinge zu sehen. Nun, von dieser Vorstellung sollten Sie sich langsam verabschieden. Sie werden nämlich gleich feststellen, dass Täter und Opfer nur zwei unterschiedliche Ausprägungen des Verbrauchertums sind. Jeder sogenannte »Täter« kompensiert lediglich die Tatsache, dass er auf anderen Ebenen ein totales Opfer ist. Jeder Täter ist nur deswegen

8 Selbstverständlich will ich an dieser Stelle niemanden beleidigen, aber es muss uns klar sein, dass sich jeder Glaubenssatz und jede Sicht der Dinge, die wir aufs Leben haben, unmittelbar, also entweder direkt oder indirekt proportional, auf unsere Kinder auswirkt. Arbeiten Sie also bei der Feuerwehr, sind die Chancen groß, dass Ihr Sohn ebenso Feuerwehrmann werden will. Oder er rebelliert und wird Brandstifter. Oft sind nur unbewusste Kleinigkeiten für die eine oder die andere Richtung ausschlaggebend. Auch wenn wir die »besten Eltern der Welt« sind.

Täter, weil er auf seine Unfähigkeit, gewisse Dynamiken des Lebens in den Griff zu kriegen, reagiert.

Da nun jeder Mensch irgendwo seine Defizite mit sich herumträgt, kann sich die Kompensation dieser auf jene zwei unterschiedlichen Arten offenbaren. Ein »Opfer« beschwert sich aktiv über seine Umwelt und andere Menschen, indem es ständig versucht, Mitleid zu erregen. Ein »Täter« hingegen reagiert aggressiv und kompensiert, indem er andere heruntermachen oder verletzen muss. Der Grund ist in beiden Fällen derselbe, nämlich das Gefühl einer Ohnmacht, mit der Welt zurechtzukommen.

Denken Sie mal kurz darüber nach. Ich bin mir sicher, Sie kennen beide Typen nur zu gut aus Ihrem Bekanntenkreis. Verabschieden Sie sich auch davon, einem Täter mit Angst oder Aggression und einem Opfer mit Mitleid entgegenzutreten. Beide wollen nämlich das Gleiche von Ihnen, und zwar Ihre Energie! Und auf diese Art und Weise bekommen sie sie auch. Gleich im nächsten Kapitel werde ich ausführlich darauf eingehen.

Bevor ich Ihnen allerdings erkläre, wie Sie verhindern können, Ihre Energie abzugeben, sollten Sie zunächst einmal verstehen, wie Sie im Detail Verbraucher von Schöpfern unterscheiden können. Dazu habe ich in mehrjähriger Recherche eine Übersicht in Form einer Liste zusammengestellt, die ich in diesem Buch erstmals öffentlich zur Verfügung stelle.

Um zu lernen, wie wir uns aus der Rolle des Verbrauchers in die des Schöpfers bewegen können, brauchen wir folgende zwei Erkenntnisse:

⊖ ***1. Die Realität, die wir erleben, erscheint uns chaotisch und zufällig, doch alles hat einen Sinn und eine intelligente Ordnung, die wir lediglich noch nicht erkennen.***

⊖ ***2. Wir sind in der Lage, mit dieser intelligenten Ordnung zu kommunizieren. Das nennen wir »Resonanz«.***

Ich schätze, der Begriff *Resonanz* wird vielen Leserinnen und Lesern aus Büchern und Filmen wie »*The Secret*« bekannt sein. Oft spricht man auch vom »*Gesetz der Anziehung*«. In kurzen Worten ausgedrückt besagt es, dass wir immer das anziehen, worauf wir unsere Aufmerksamkeit in Form von Gedanken und Gefühlen richten. Egal, worüber wir nachdenken, wofür oder wogegen wir sind, in dem Augenblick, in dem wir uns damit beschäftigen, fließt unsere Energie dorthin und macht es so zu einem Teil von uns und somit auch zu einem »Gesetz« in unserem eigenen Leben. Leider gilt das nicht nur auch, sondern VOR ALLEM für unbewusste Gedanken, und ab hier wird es dann zu einer hohen Schule.

Erst wenn wir unser Bewusstsein trainieren und die richtigen Werkzeuge für diese Kommunikation in unseren Händen halten (die in unzähligen Büchern mal besser und mal schlechter vermittelt werden), wird der Anteil an sogenannten Zufällen und Schicksalsfügungen in unserem Leben kleiner und kleiner, und wir bekommen immer mehr

Selbstbestimmung über unser Leben. Je besser Sie also Ihre Resonanz im Griff haben, desto mehr Schöpferanteile haben Sie. Umgekehrt gilt natürlich, je mehr Sie Ihre Schöpferanteile steigern, desto »besser« wird Ihre Resonanz. Fokussieren Sie sich vor allem auf Sachen, die funktionieren, werden Sie daher auch mehr Sachen anziehen, die funktionieren.

Gleichzeitig steigern Sie im Laufe dieses Prozesses stetig Ihren Energielevel, und hier sind wir wieder beim Thema dieses Buches, nämlich das BEHALTEN Ihrer tapfer erkämpften Energie. Mein Motiv ist, Ihnen einige Anleitungen, Tipps und Erkenntnisse zu geben, die so simpel sind, dass Sie sie im Alltag jederzeit abrufen und einsetzen können. Dafür habe ich dieses Buch geschrieben. Und den ersten Tipp liefere ich Ihnen gleich hier und jetzt:

SCHLAUER SPRUCH

Machen Sie einen möglichst großen Bogen um Verbraucher! Je mehr Verbraucher man im Umfeld behält, desto weniger Schöpfer wird man anziehen!

Bevor wir uns also den eigentlichen Energielecks zuwenden, sind Sie sicher schon gespannt wie ein Flitzebogen, was denn nun überhaupt im Detail Schöpfer- und Verbraucheranteile sind. Daher will ich Sie nicht länger zappeln lassen, sondern präsentiere ich Ihnen meine »berühmte« Liste:

»Christus, der Erlöser«, das Symbol des Schöpfers schlechthin in meiner damaligen Lieblingsstadt Rio de Janeiro. Im Nachhinein betrachtet muss ich zugeben, dass ich mich dort meistens eher wie ein Verbraucher benahm.

2 Die Schöpfer-Liste

»Wenn Du jemanden gerade erst kennengelernt hast, sieh dir seine Freunde an und du weißt, mit wem du es zu tun hast«

RUSSISCHES SPRICHWORT

Reine Formsache:
Die nachfolgende Liste wurde aufgrund der Kürze und Lesbarkeit im generischen Maskulinum verfasst. Sie werden feststellen, dass sich der Rest des Buches immer aktiv an beide Geschlechter wendet. Trotzdem ist es mir ein besonderes Anliegen, meine Leserinnen an dieser Stelle wissen zu lassen, dass ich sie nicht nur respektiere und wertschätze, sondern darüber hinaus auch in dem Bestreben unterstütze, sich als Frau voll und ganz wohlzufühlen und selbstbewusst aufzutreten.

VERBRAUCHER	SCHÖPFER
Niedrigschwingend	Hochschwingend
Kreiert mehr Leid und Ärger als Freude	Kreiert mehr Freude als Leid und Ärger
Beschwert sich über Sachen, die ihn gar nicht betreffen und die er nicht ändern kann	Beschwert sich nicht über Sachen, die er nicht ändern kann, sondern konzentriert sich auf das, was er ändern kann
Macht sich wichtig	Macht sich nicht wichtig
Ist stolz auf Dinge, die nicht unmittelbar mit seinen Leistungen zusammenhängen (Nationalität, Partner, Fußballverein etc.)	Erkennt, dass Stolz kein Motiv ist, das ihn weiterbringt und über das er sich definieren kann
Saugt andere aus wie ein Vampir, um auf seine Kosten zu kommen (braucht labile Menschen, die das zulassen)	Spürt seine eigene Stärke und muss deswegen nicht damit angeben (bevorzugt starke Persönlichkeiten in seinem Umfeld)
Verurteilt, beschuldigt und rechtfertigt sich, wenn er scheitert	Übernimmt die Verantwortung für sein Scheitern und erkennt den Lernprozess
Fühlt sich gut, wenn er sich überlegen vorkommt und Neid erzeugen kann	Versucht, andere Leute nicht runterzumachen, sondern mitzuziehen

VERBRAUCHER	SCHÖPFER
Handelt aus extrinsischer Motivation (aus dem Wunsch nach Belohnung)	Handelt aus intrischer Motivation (aus einem inneren Wunsch)
Gibt an oder verurteilt, um sich höher zu stellen als andere	Spricht mit allen auf Augenhöhe, weil er Menschen nicht nach Status, Ausbildung, Rasse oder Geschlecht beurteilt
Sieht Kritik als Angriff auf sein Ego und wird aggressiv	Sieht Kritik als Möglichkeit, sich zu verbessern und ist dankbar
Hat ein »heißblütiges« Temperament und handelt reaktiv	Hat ein ausgeglichenes Temperament und handelt überlegt
Bekommt bei neuen Informationen Stress	Ist dankbar für neue Informationen
Definiert sich über das, was er hat und kann und trägt das zur Schau. Versucht, alles nach außen zu tragen, was ihn besser darstellt	Assoziiert sich nicht mit seinen Fähigkeiten, sondern versucht ständig, sich zu verbessern
Passt seine Richtlinien der Situation und dem Gegenüber an	Befolgt seine Richtlinien unabhängig von Situation und Gegenüber
Bewertet andere nach ihren Resultaten	Bewertet andere nach ihren Motiven

VERBRAUCHER	SCHÖPFER
Vergleicht, um den besten Preis für sich rauszuholen	Vergleicht, um die beste Qualität für sich rauszuholen
Fokussiert sich auf das Resultat	Fokussiert sich auf den Weg
Lässt sich nicht belehren	Ist offen für Selbstverbesserung
Versucht, etwas darzustellen, was er nicht ist	Ist immer er selbst, weil er seine Einzigartigkeit erkennt
Gibt sich gleichgültig, weil er Angst vor den Auswirkungen seiner eigenen Entscheidungen hat und vermeidet daher Verantwortung	Übernimmt Verantwortung für seine Angelegenheiten, mischt sich aber nicht gegen den Willen in diejenigen anderer ein
Spielt den Retter für andere, um sich unbewusst selbst zu bestätigen und verhindert dadurch Entwicklung	Weigert sich, Verantwortung für die Probleme anderer zu übernehmen, unterstützt diese jedoch dabei, sie selbst zu lösen
Muss andere manipulieren, um zu Energie zu gelangen	Bekommt freiwillig Energie von anderen
Betreibt keinen Sport und ist daher Opfer seines Körpers	Betreibt Sport, um Kontrolle über seinen Körper zu haben

VERBRAUCHER	SCHÖPFER
Hat Sex mit wahllosen Partnern, die er respektlos behandelt, um sich Selbstbestätigung zu holen	Hat Sex mit ausgewählten Partnern, die er liebt bzw. an denen er etwas liebt und mit denen er sich gerne austauscht
Versucht, seinen Partner auf dem Level zu halten, den er selbst für angenehm hält	Motiviert seinen Partner, sich stetig zu entwickeln und zu verändern
Stellt seine Freunde über seinen Partner	Stellt seinen Partner stets über seine Freunde
Hadert mit dem Schicksal und fühlt sich als Opfer seiner Lebensumstände	Weiß, dass er immer bekommt, was er braucht, auch wenn es ihm nicht gefällt
Macht Witze auf Kosten anderer oder sich selbst	Macht Witze, um Informationen leichter zu transportieren
Bleibt emotional leicht an Erinnerungen hängen	Lebt im Hier und Jetzt
Braucht Widerstände und Negatives, um etwas zu verändern und sich zu entwickeln	Erkennt Synchronizitäten als Hinweise zur Entwicklung
Hört erst mit etwas auf, wenn die Widerstände zu groß werden	Hat gelernt, rechtzeitig zu gehen oder aufzuhören, ohne zu übertreiben

VERBRAUCHER	SCHÖPFER
Ändert erst etwas nach mehrmaliger Ermahnung oder, wenn er keine Wahl mehr hat	Ändert etwas, weil er die Wahl hat
Hat Probleme, nein zu sagen, und versucht, seine Entscheidungen rechtzufertigen	Kann emotionslos ja und nein sagen, wenn er etwas will oder nicht, und rechtfertigt sich nicht dafür
Lebt nach Prinzipien, die aus Emotionen entstehen	Lebt nach Richtlinien, die den geistigen Gesetzen folgen
Sorgt sich erst um seine Gesundheit, wenn er krank wird	Sorgt freiwillig für seine Gesundheit
Strebt nach Macht als Kontrollwerkzeug, aber verurteilt sie, wenn er sie nicht hat	Erkennt Macht als neutrales Werkzeug, mit dem man etwas erschaffen kann
Fühlt sich als Opfer des Systems	Erkennt den Sinn jedes Systems und lässt es für sich arbeiten
Hat keine Übersicht über seine finanzielle Situation	Hat jederzeit die Übersicht über seine finanzielle Situation
Nennt alle anderen Idioten und weiß stets selbst alles besser	Lebt seine Denkweise vor, ohne sie anderen aufzudrängen

VERBRAUCHER	SCHÖPFER
Ist befriedigt, wenn er andere ärgern kann	Erkennt das Bedürfnis, andere ärgern zu wollen, als Spiegel seiner eigenen Defizite
Erzählt von seinen Vorhaben, um sich schon im Vorfeld Anerkennung zu holen	Beginnt mit seinen Vorhaben, ohne sich von anderen Bestätigung zu holen, und erzählt erst im Rahmen des Prozesses
Will primär verstanden werden	Will primär verstehen
Versucht, Dienstleister oder Verkäufer möglichst runterzuhandeln, um sich als Gewinner zu fühlen	Zahlt gerne und ausreichend für erbrachte Leistungen, weil er die Wichtigkeit des Ausgleichs erkennt
Steigert mit zunehmendem Alter seine Ängste, weil er durch viele Ereignisse im Laufe seines Lebens negativ geprägt wird	Steigert mit zunehmendem Alter sein Vertrauen, weil er in jedem Ereignis im Laufe seines Lebens die positiven Aspekte erkennt
Unterhält die Leute mit lustigen Geschichten darüber, was bei ihm alles nicht funktioniert	Unterhält die Leute mit Geschichten darüber, wie er trotz Stolpersteinen seinen Weg gegangen ist

PERSÖNLICHE NOTIZEN:

1995 gab es nur ein einziges Motiv in meinem Leben: Spaß zu haben ohne Rücksicht auf Verluste. Diese »Verluste« machten sich allerdings ein paar Jahre später durchaus bemerkbar.

Überschüsse 3

»Alle Dinge, die über Ziel und Maß gehen,
sind von kurzer Dauer.«

GIOVANNI BOCCACCIO

Ultimate

ÜBERSCHÜSSE

Darunter werden Sie sich möglicherweise noch nichts vorstellen können, doch wenn ich Ihnen diesen Begriff näherbringe, werden Sie schnell zugeben, dass Ihnen die hier besprochenen Themen nur allzu bekannt vorkommen. Ich beginne einfach wieder mit klassischer Physik:

Wenn Sie darüber nachdenken, werden Sie mir sicher zustimmen, dass die Natur nach Gleichgewicht strebt. Ein Luftdruckgefälle wird durch Wind ausgeglichen, ein Temperaturunterschied durch Wärmeaustausch. Lassen Sie etwa einen Teller heiße Suppe eine halbe Stunde lang stehen, wird die Suppe abkühlen und Zimmertemperatur annehmen. Ein kühles, frischgezapftes Bier hingegen wird nach ebendieser Zeit wahrscheinlich Ihren Geschmack auch nicht mehr treffen, da es nun ebenfalls Zimmertemperatur hat. Zwei miteinander verbundene Gewässer wiederum sind immer gleich hoch oder fließen vom höheren zum tieferen. Wo immer also ein überschüssiges Energiepotenzial existiert, entsteht eine Nivellierungskraft (die Schwerkraft ist zum Beispiel eine solche), die dafür sorgt, dass das Ungleichgewicht wieder beseitigt wird. Daher kann man von der Existenz eines sogenannten Gesetzes des Ausgleichs ausgehen. Wie viele andere Gesetze besteht es ganz simpel aus Ursache und Wirkung.

Nun fragen Sie sich sicher, inwieweit sich das bei uns Menschen auswirkt. Die Antwort wird Sie mittlerweile nicht mehr überraschen: Nämlich ganz genauso.

Das Einzige, was Sie möglicherweise überraschen wird ist, dass Sie in dieser Form noch nie davon gehört haben; daher freue ich mich umso mehr, Ihnen dieses Konzept hiermit vorstellen zu dürfen. Denn es ist simpel zu verstehen und dadurch hervorragend in den Alltag integrierbar, ohne dass Sie sich an allzu viel erinnern müssen. Ganz im Gegenteil. Haben Sie einmal verstanden, worum es geht, werden Sie sich viele Situationen und Begebenheiten plötzlich viel besser erklären können und wesentlich leichter tun, sie zu reflektieren.

⊖ *Das Gesetz des Ausgleichs ist eines der stärksten und elementarsten geistigen Gesetze des Universums überhaupt, daher sollte sich jeder zumindest seiner Existenz bewusst sein.*

Um die Nivellierungskräfte, die das Gesetz des Ausgleichs erzeugt, überhaupt in Gang zu setzen, muss aber erstmal ein Überschuss gebildet werden, den es gilt, wieder auszugleichen. Und das ist das Thema dieses Kapitels.

Die schnellste Möglichkeit, sich unter dem Wort »Überschuss« etwas vorzustellen, ist, wenn Sie es einfach auf Englisch übersetzen. Dort lautet es nämlich:

»Excess«

Hoppla, und schon haben Sie die erste Erkenntnis, richtig? Bei diesem Wort denken die meisten von uns an den Zustand, wenn man zu viel getrunken, zu viel gegessen oder zu viel gefeiert hat. Meistens geht es einem danach eher besch... eiden. Das Gesetz des Ausgleichs versucht auf diese Weise, Sie wieder in den Normalzustand und auf Spur zu bringen. Dieser Vorgang ist allerdings selten ein Genuss, sondern üblicherweise ein Lernprozess, aus dem man jedoch ebenso selten klüger hervorgeht. Das haben zumindest meine ganz »persönlichen Recherchen« ergeben.[1]

Wenn Sie nun also der Meinung sind, Sie hätten das Prinzip verstanden, indem Sie in Zukunft versuchen, bei keiner Tätigkeit mehr zu übertreiben, dann ist das ein guter Start. In seiner Gesamtheit sowie bei den Ursachen und Auswirkungen liegt der Teufel aber natürlich im Detail. Denn vielleicht haben Sie sich anhand des Themas dieses Buches schon gedacht, dass Überschüsse geistiger Natur, die in Ihrem Denken stattfinden, weitaus schlimmer und nachhaltiger sind, als ein gelegentlicher Vollrausch (wenn auch oft ein Vollrausch das Ergebnis von Überschüssen ist, wie Sie an späterer Stelle erkennen werden).

Auf geistiger Ebene können Sie sich das anhand der folgenden Analogie verbildlichen: Nehmen Sie ein imaginä-

1 Diese Recherchen umfassten viele Jahre intensivsten Studiums russischer, aus Getreide hergestellter Kaltgetränke, kosteten viel Geld und erfreuten meine Leber ganz und gar nicht.

res Gummiband und spannen Sie es in Ihrer Vorstellung zwischen zwei Pfosten. Dieses Band definiert nun Ihren Lebensweg, und Sie sind mittels eines Karabiners damit verbunden. Solange Sie also entlang dieses Bandes vorangehen, verbrauchen Sie nur eine geringe Energie auf Ihrem Weg, weil das Gummiband Sie leitet. Sie haben aber ausreichend Spielraum, das Band zu dehnen und sich vom Pfad der Leichtigkeit zu entfernen. Durch die Beschaffenheit aus Gummi wird Sie das Band jedoch immer wieder Richtung Mitte ziehen. Und zwar umso kräftiger, je mehr Sie sich von der Mitte entfernen. Dies sind die eingangs erwähnten Nivellierungskräfte.

Sich das Leben *»leicht machen«* und *»in Leichtigkeit«* leben (ja, ich benutze tatsächlich die Präposition »in«), sind übrigens zwei komplett unterschiedliche Paar Schuhe. Wer es sich *leicht macht*, bemüht sich, Verantwortung abzugeben und Lernprozessen aus dem Weg zu gehen. Er wird dadurch zum Verbraucher. *In Leichtigkeit* hingegen ist ein Bewusstseinszustand, in dem man die allgegenwärtige Unterstützung des Universums erkennt, anstatt dagegen anzukämpfen. Freuen Sie sich schon auf die Momente, wenn Sie diese Leichtigkeit im ganzen Körper spüren, weil gewisse Dinge plötzlich wie von selbst funktionieren, als ob Sie von einer unbekannten Macht geführt würden. In diesen Momenten dürfen Sie sich zu Recht als Schöpfer fühlen. Ähnliches gilt auch für den Ausdruck *»in Freude«,* den ich gerne im gleichen Kontext verwende.

In vielen anderen Momenten werden Sie jedoch mit besagten Nivellierungskräften konfrontiert werden. Und das ist in jedem Fall mehr oder weniger schmerzhaft, da es immer über Erfahrungen passiert, die wir als negativ beschreiben. Sie können diese Dynamik auch gerne als »Karma« bezeichnen. Hier müssen Sie jedoch aufpassen:

Die meisten Menschen verbinden dieses Wort mit der Reinkarnationstheorie und dem Konzept der Wiedergeburt, also einer Art vorbestimmtem Schicksal, das sie aus diversen Vorleben ins jetzige mitgenommen haben und welchem man seit seiner Geburt ausgeliefert ist. In diesem Sinne wäre es also wieder Glück oder Pech, in welche Richtung sich unser Leben entwickelt, und wir fühlen uns wie hilflose Passagiere. Daher möchte ich Ihnen nahelegen, diesen Begriff in einen neuen Kontext zu rücken, um uns das Prinzip des Karmas für unseren Weg zunutze machen zu können.

Die Antwort auf die Frage, ob wir tatsächlich durch unsere früheren Leben »belastet« sind, überlasse ich hingegen Ihnen, denn sie ist für das Verständnis dieses Buches irrelevant und kann gerne individuell beantwortet werden.

Der Begriff »Karma« sagt grundsätzlich nur aus, dass jede physische oder geistige Handlung, also jede Tat und jeder Gedanke, eine Folge hat. Das heißt, dass wir rund um die Uhr, in jeder Sekunde unseres Lebens, Karma erzeugen. Gleichzeitig bedeutet es, dass jede Handlung des Menschen, egal ob sie als gut oder schlecht wahrgenommen wird, über das Informations- und Energiefeld des Universums zu ihm zurückkehrt.

SCHLAUER SPRUCH

Jedes Karma ist immer nur ein Ausgleich von Überschüssen.

Ebenso ist jede Katastrophe, jeder Krieg oder generell jedes (in unserer Wahrnehmung) negative Ereignis nie eine Ursache, sondern immer nur das Ergebnis eines Überschusses.

Das Gesetz des Ausgleichs gleicht also immer nur dort aus, wo etwas in Schieflage geraten ist und nicht den geistigen Gesetzen oder dem »Weg« entspricht, auch wenn wir die Zusammenhänge noch nicht verstehen können. Daher bitte ich Sie, und das ist essenziell:

Verabschieden Sie sich von der Vorstellung, dass Karma in gut oder schlecht einteilt. Karma hält sich ausschließlich an Gesetzmäßigkeiten und kennt keine Ethik in unserem Sinne. Karma ist das reine Prinzip von Ursache und Wirkung. Simple Mathematik. Nicht mehr und nicht weniger.

Sicher sehen Sie gelegentlich bei anderen, oder erleben es bei sich selbst, dass jemand nach außen hin der liebste, netteste und zuvorkommendste Mensch ist, und ihn dennoch eine Katastrophe nach der anderen heimsucht. Alleine daran sollten Sie schon erkennen, dass sich das

Karma nicht nach solchen Kriterien richtet. Erst wenn man Ursachenforschung betreibt, erkennt man, wo die eigentlichen Auslöser entstehen, die die Nivellierungskräfte hervorrufen. Im weiteren Verlauf des Kapitels gehe ich auf diese Ursachen ein und teile meine Erkenntnisse mit Ihnen.

Ich höre schon Ihren Einwand, es gäbe doch auch gutes Karma, wofür man auch wieder Gutes zurückbekäme. Stimmt, das erzählt man sich landläufig so. In Wahrheit aber läuft es im Leben am ehesten rund, wenn man SO WENIG ÜBERSCHÜSSE WIE MÖGLICH erzeugt. In diesen Fällen gibt es auch nicht viel auszugleichen und es wird einem mehrheitlich »Gutes«[2] widerfahren. Da nun das Gesetz des Ausgleichs weitgehend wirkungslos wird, kommt hier vielmehr wieder das Gesetz der Resonanz zum Tragen, das Ihnen für »gutes Karma« auch »gute Ergebnisse« schickt.

Vielleicht sind Sie, so wie ich, ein Fan der vielen Filme und Serien über Zeitreisen und träumen von der perfekten Welt, in der man Fehler vermeiden kann, bevor sie passieren; dann kann ich Ihnen versichern, dass auch dieser Aspekt von Zeitreisen eine ewige Unmöglichkeit bleiben wird (Diskussionen darüber, ob Zeitreisen prinzipiell jemals möglich sein werden oder vielleicht gar schon machbar sind, überlasse ich der geneigten Leserschaft). Denn eines war schon immer so und wird auch immer so bleiben, nämlich, dass der Mensch sich erst über Lernprozesse wei-

2 Ich möchte nochmals darauf hinweisen, dass die Begriffe »gut« und »schlecht« immer nur Ihrer momentanen Wahrnehmung entspringen und keine absolute Gültigkeit haben.

terentwickelt, die durch Überschüsse verursacht werden. Gar keine Überschüsse (bzw. gar kein Karma) zu erzeugen, kann daher nicht das Ziel sein und ist schlichtweg ausgeschlossen. WIE VIELE Überschüsse und damit verbundene Erfahrungen jedoch jeder Einzelne im Detail braucht, tja … das hängt wiederum von unzähligen Faktoren ab, auf deren Komplexität wir hier nicht näher eingehen können. Wie heißt es schließlich so schön? Es gibt drei Arten von Menschen: Die einen lernen aus den Fehlern anderer, die zweiten aus ihren eigenen, und die dritten nie.

Ich denke, ich habe Ihnen die theoretische Basis nun hinreichend nähergebracht, daher gehe ich mal auf die erste Frage ein, die Ihnen mit Sicherheit schon gekommen ist:

Wie erkennen wir Ereignisse als Resultate von Überschüssen, und nicht als »Pech«?

Nun, das ist schon mal die erste Gewissensfrage. Für mich persönlich gibt es so etwas wie Glück oder Pech aus Prinzip nicht. Wenn Sie jedoch die ganze Angelegenheit lieber weniger dogmatisch sehen wollen, lesen Sie einfach aufmerksam weiter. Es bleibt Ihnen dann selbst überlassen, inwieweit Sie Zusammenhänge herstellen wollen.

Ich gebe allerdings hier schon zu bedenken: Erst Ihr Karma gibt Ihnen die Möglichkeit zu wachsen, denn in unseren Schwächen liegt unser größtes Potenzial für Verbesserung. Somit wäre es gut, zu akzeptieren, dass alles, was Ihnen wie Pech oder eine Bestrafung vorkommt, auch immer eine besondere Chance für Sie enthält.

Wie also bereits erwähnt, kann Übertreiben in physischer Form zwar zu einem Kater, Durchfall oder sonstigen

Schmerzen führen, übertreibt man jedoch auf gedanklicher Basis, sind die Folgen meistens schwerwiegender. Ein Aspekt dieser gedanklichen Disbalance ist zum Beispiel die Schieflage Ihrer sogenannten Lebenssäulen.

Zu diesen Lebenssäulen gehören unter anderem Ihre Karriere, Ihre finanzielle Situation, Ihre Beziehung, Ihre Familie, Ihre Gesundheit oder Ihre geistigen Bedürfnisse. Oft hört man in diesem Zusammenhang auch vom sogenannten »Lebensrad«. Wenn Sie sich jede dieser Säulen als Speiche eines Rades vorstellen, wird dieses Rad natürlich immer unrunder, je ungleicher die einzelnen Lebenssäulen in ihrer Länge sind. Das heißt also: Ist eine Lebenssäule wesentlich stärker ausgeprägt als manche andere, ist dies wiederum ein Überschuss.

Die exakte Definition des Begriffs »Lebenssäulen« sowie anderer, hier oft verwendeter Wörter, finden Sie im Bonusmaterial unter www.aufdiefresse.at/bonusmaterial

Schauen Sie sich doch mal in Ihrem Bekanntenkreis um, es macht als Übung richtig Spaß, diese Art von Überschüssen bei anderen aufzuspüren:

Vielleicht haben Sie diesen Kollegen, der in seinem Job geradezu übermotiviert ist, jedoch mittlerweile geschieden und kurz vor dem Magengeschwür oder Burnout, weil er alles andere vernachlässigt; oder den Freund, der sich frisch verliebt in eine Beziehung stürzt und seine finanzielle Stabilität gefährdet, indem er seiner Angebetenen Geschenke über seine Verhältnisse hinaus macht, nur um sie zu ergattern oder zu halten.

Oder die alleinerziehende Mutter, die sich zur Gänze aufopfert, nur um ihrem Kind die größtmögliche Sicherheit zu bieten, gleichzeitig aber todunglücklich ist, weil sich kein Mann findet, der in diesem Konstrukt überhaupt Platz hat. Beispiele gibt es in jede Richtung genug.

Bei einem Menschen, der schnell zu viel Geld kommt, muss wiederum das *Innen*[3] mit dem *Außen* mitziehen, da sonst hier ein Ungleichgewicht entsteht. Besteht dieser Überschuss zu lange, können Sie davon ausgehen, dass das Universum versuchen wird, ihm das Geld wieder wegzunehmen, was man regelmäßig an Lottogewinnern beobachten kann, oder ihn durch Krankheiten oder andere Rückschläge wieder auf den Boden zurückzuholen.

Werfen wir nun aber einmal einen Blick auf die beliebtesten Überschüsse im Alltag, wodurch sie entstehen und wie sie sich auswirken. Mit Sicherheit werden Sie die meisten davon schon bei Ihnen selbst oder Bekannten erlebt und in Erinnerung haben. Als Musiker habe ich es mir nicht nehmen lassen, diese in einer Top-10-Liste zusammenzufassen.

Bevor wir diese jedoch im Einzelnen durchgehen, gebe ich Ihnen den Tipp, vielleicht nochmal zurück zu unserer *Schöpfer-Liste* zu blättern; *(ich empfehle Ihnen übrigens, sie auszudrucken und aufzuhängen. Sie finden sie als*

3 Gemeint ist hier die geistige, spirituelle, ethische Entwicklung. Oder in unseren Worten: Die Schöpferanteile.

PDF im Bonusmaterial unter www.aufdiefresse.at/bonusmaterial), denn grundsätzlich können Sie als Faustregel definieren:

Je weiter rechts Sie sich auf der Liste bewegen, desto weniger Überschüsse erzeugen Sie, und je weiter links Sie sich aufhalten, desto mehr.

1. Stolz (Hochmut, Eitelkeit)

Stolz, der nach außen getragen wird, ist einer der häufigsten und somit gefährlichsten Auslöser für Überschüsse, und daher steht er bei mir auch auf Platz 1.

Mir ist natürlich bewusst, dass sich hier viel Raum für Missverständnisse auftut, deshalb ist es mir ein großes Anliegen, die Feinheiten in den unterschiedlichen Interpretationen deutlich hervorzuheben. Hören Sie sich in Ihrem Freundeskreis um, werden Sie feststellen, dass die meisten Menschen Stolz als eine durchaus wünschenswerte Eigenschaft darstellen. Nun komme aber plötzlich ich daher und verurteile ihn. Wo liegt also die Diskrepanz?

Zunächst einmal gehört klargestellt, dass Stolz etwas Elementares ist, das jeder Mensch in gewissem Maße für seinen Selbstwert und vor allem für sein Zugehörigkeitsgefühl braucht. Dazu brauchen wir wiederum andere Menschen, die uns loben, bestätigen und aufrichten, die uns also stolz machen. Und spätestens an diesem Punkt können wir in zwei verschiedene Richtungen abbiegen: Bei einem Verbraucher äußert sich dieser Stolz durch Hochmut, Eitelkeit und Überheblichkeit. Stolz im schöpferischen Sinne bedeutet, ein gesundes Selbstwertgefühl zu besitzen - ohne dabei das Ego aufzublähen.

Die Begriffe Hochmut und Eitelkeit werden Sie spontan zwar eher als die wahren Bösewichte ausmachen, Stolz ist jedoch die Grundlage all dieser Übel, und daher wirft schon die Bibel diese drei Eigenschaften in einen Topf. Um über die unterschiedlichsten Facetten von Stolz einen kompletten Überblick zu bekommen, und zu erfahren, warum Stolz vollkommen zu Recht zu den sieben Todsünden gehört, verweise ich Sie aber auf mein nächstes Buch *»Denken in Energien – Die geistigen Gesetze des 21. Jahrhunderts«;* dieses stelle ich mit meiner Partnerin Margarita gerade fertig. Dort ist dem Stolz ein längerer Abschnitt gewidmet, der Ihnen möglicherweise Erkenntnisse liefert, an die Sie bis jetzt noch gar nicht dachten.

Im Gegensatz zu Stolz als ein Gefühl tiefer, innerer Zufriedenheit, birgt Stolz in dem hier beschriebenen Sinne (dass man sich selbst, seine Arbeit, seine Besitztümer oder sein Umfeld zu wichtig nimmt), ein enormes Absturzpotenzial. Der Stolze stellt sich in diesen Momenten auf eine höhere Stufe als alle anderen. Somit ist Stolz von außen betrachtet ein sehr leicht erkennbarer Überschuss. Einen Angeber nimmt man sehr schnell als solchen wahr. Sobald hier die Nivellierungskräfte zu wirken beginnen und ihm etwas Negatives widerfährt, erzeugt das in uns meistens sogar ein fröhliches Gefühl der Schadenfreude. Nicht umsonst ist »Hochmut kommt vor Fall« ein sehr gebräuchlicher Spruch, der das Gesetz des Ausgleichs wunderbar einfach erklärt.

Verspüren Sie also nach einer erbrachten Leistung oder einer besonderen Errungenschaft das starke Bedürfnis, anderen davon zu erzählen, sind Sie schon latent gefährdet, selbst wenn Sie weit davon entfernt sind, ein Angeber zu sein. Ein dankbarer Mensch hingegen hat dieses Bedürfnis nicht, weil er es für sein Selbstwertgefühl nicht benötigt. Erkennen Sie hier den Unterschied, fällt es Ihnen in Zukunft leichter, sich selbst in dieser Hinsicht zu analysieren. Stellen Sie sich einfach immer die Frage, wie Sie mit Ihrer Umwelt umgehen oder kommunizieren würden, wenn Sie dieses Auto, diesen Job oder diesen Partner nicht hätten. Würden Sie wirklich eine Bedienung im Restaurant, eine Supermarktkassiererin, einen Müllmann oder eine Reinigungskraft gleich freundlich behandeln, egal, ob Sie erfolgreich wären oder nicht? Oder erkennen Sie in sich eine potenzielle Gefahr, sich abheben zu wollen? Seien Sie ehrlich!

Sollten Sie jetzt immer noch der Meinung sein, Stolz wäre eine ausgesprochen edle und wünschenswerte Eigenschaft, dann schauen wir doch einmal auf weitere fragwürdige Auswirkungen:

Stolz ist die Eigenschaft schlechthin, über die sich Menschen besonders leicht manipulieren lassen. Viele Kriege der Weltgeschichte wurden aus Stolz geführt, im Großen wie im Kleinen. Wie oft hatten Sie schon Streit mit Ihrem Ehepartner, Ihrer Freundin, Ihrem Freund oder einem Arbeitskollegen, weil Sie »aus Stolz« etwas nicht machen oder akzeptieren wollten? Haben Sie sich schon einmal dabei ertappt, wie Sie die Anhänger eines gegnerischen Fußballvereins beschimpft oder abfällig behandelt haben? Was glauben Sie, warum Nationalstolz sowohl in der Politik als auch im Sport immer öfter zu rassistischen Auswüchsen und Ausschreitungen führt? Oder warum unterschiedliche Religionen teilweise so aggressiv miteinander umgehen? Wie werden wiederum Soldaten dazu angestachelt, andere Menschen anzugreifen und zu töten, die sie nicht einmal kennen, und die ihnen nie etwas angetan haben?

Denn eine Sache ist immer der kleinste gemeinsame Nenner hinter all diesen Szenarien: Es wird jemandem suggeriert, dass er sich aufgrund bestimmter Umstände anderen überlegen fühlen dürfe. Egal, wie man es also betrachtet, es endet stets bei Ausgrenzung, Rassismus und Krieg in unterschiedlichen Ausprägungen.

Ich höre natürlich schon Ihren Einwand, dass Stolz auch dazu benutzt werden kann, um sich zu motivieren, oder Sie sehen Stolz als unmittelbares Gegenteil von Eigenschaften wie Unsicherheit, Minderwertigkeitskomplexe und Selbsthass. In diesen Fällen fragen Sie sich doch bitte, ob an dieser Stelle nicht besser die Worte »Selbstachtung«, »Selbstbewusstsein« oder »Selbstliebe« passen würden.

Schließlich sei Ihnen gesagt, dass natürlich so gut wie kein Mensch frei von Stolz ist, und Sie sich in dieser Hinsicht auch nicht komplett reduzieren und verbiegen müssen. Stolz kommt immer wieder, und zwar vollautomatisch, sobald Sie etwas erreicht haben, und das ist durchaus okay so. Lassen Sie es zu, genießen Sie diesen Zustand kurz, aber gehen Sie danach weiter.

⊖ *Benutzen Sie Stolz als Bestätigung dafür, wozu Sie in der Lage sind, aber definieren Sie sich nicht über ein Resultat; Resultate sind temporär und damit flüchtig. Das, was Sie heute können oder erreicht haben, kann morgen schon wieder irrelevant oder gar vorbei sein.*

In meinem persönlichen Fall hieße das: Darauf stolz zu sein, dass ich vor zwanzig Jahren einmal Nummer 1 in den Charts war, darf heutzutage kein Motiv mehr sein, um mich gut zu fühlen. Es wirkt sogar fast schon ein wenig lächerlich. Dies als Motivation zu nutzen, um einen Nummer-1-Bestseller zu schreiben, ist hingegen legitim.

Erkennen Sie einfach, dass Stolz auf lange Sicht unsere Weiterentwicklung bremst, denn solange wir auf etwas stolz sind, haben wir nicht das Bedürfnis, etwas drastisch zu verändern. Ganz im Gegenteil, der Stolze würde den Status Quo am liebsten konservieren und einrahmen, um das Gefühl des Erhabenseins möglichst lange zu genießen. Befindet man sich hingegen gerade mitten im Prozess der Entwicklung, ist man meistens so sehr damit beschäftigt, dass für Stolz auf Vergangenes ohnehin nicht viel Platz bleibt.

Sollten Sie also gewillt sein, Ihre eigene Entwicklung massiv zu fördern, dann ist Stolz eines der ersten Dinge, die Sie getrost weglassen können, denn ohne Stolz lernt sich's wesentlich leichter und schneller. Wie heißt es schließlich so treffend?

SCHLAUER SPRUCH

> **Es ist leicht, jemanden zu unterrichten, der nichts weiß. Es ist jedoch schwer, jemanden zu unterrichten, der glaubt, etwas zu wissen.**

2. Euphorie

Sicher haben Sie schon mal davon gehört, dass negative Emotionen immer in die Vergangenheit blicken, positive hingegen entweder das Jetzt oder die Zukunft betreffen. Selbst Zukunftsängste beziehen sich auf frühere negative Erfahrungen. Daher hört man von allen Seiten, dass man darauf achten sollte, möglichst immer positiv gestimmt zu sein. Ein extremer Zustand der positiven Stimmung ist Euphorie, und diese wird deshalb üblicherweise als wünschenswerter Zustand definiert. Genau das würde ich aber mit Vorsicht genießen. Denn es ist von entscheidender Bedeutung, wie man mit Euphorie umgeht. Notorische Pessimisten zum Beispiel versuchen, Euphorie gar nicht erst zuzulassen, indem sie sofort alles runtermachen, was in ihnen diesen Zustand erzeugen könnte. Selbsternannte Optimisten wiederum lieben den euphorischen Zustand dermaßen, dass sie dadurch ebenfalls Energie verlieren.

Sie sehen also, dass auch dies ein Thema ist, das ich sehr differenziert betrachte, und daher weder das eine noch das andere als sinnvolle Reaktion einstufe. Gehen wir nun aber ins Detail, denn Euphorie besitzt im Wesentlichen zwei erwähnenswerte Schwachstellen:

Stellen Sie sich mal vor, in Ihrem Leben wäre gerade etwas Tolles passiert. Ein beruflicher Erfolg, eine Beförderung, ein plötzlicher Geldsegen, der erste Kuss mit einem potenziellen neuen Partner, ein neues Auto, neue Kleidung, oder in meinem Fall zum Beispiel Platz 1 in den Charts. Was würden Sie (und weitere achtzig Prozent der Leute) nun machen? Meistens fühlen Sie in solchen Situationen einen so starken Drang, dass Sie ihm kaum widerstehen können: Sie MÜSSEN es einfach jemandem erzählen, sonst werden Sie wahnsinnig. Habe ich recht?

Daher würden es viele in Sekundenschnelle auf Facebook oder Instagram posten, die beste Freundin oder den besten Freund anrufen, um alle Einzelheiten »loszuwerden«, oder laut jubelnd durch die Gegend laufen. Ich nenne das gerne den »Zalando-Effekt« (basierend auf der TV-Werbung, die diese Firma vor einigen Jahren bekannt machte), weil es so herrlich dokumentiert, was in diesem Augenblick passiert:

Sie nehmen die positive Energie, die Sie gerade erhalten, und verteilen sie sofort wieder - im Übrigen heißt es bei Facebook oder Instagram nicht umsonst »teilen«. (Machen Sie dasselbe mit negativen Informationen, dann werden Sie zu einem sogenannten »*Energievampir*«, den ich etwas später im Laufe dieses Buches definiere.)

Aber warum machen wir das überhaupt?

Die Antwort ist simpel. Die Euphorie erzeugt in uns einen so eklatanten, spürbaren Überschuss, dass wir uns unbewusst selbst dazu zwingen, diesen auszugleichen, indem wir versuchen, die überschüssige Energie so schnell wie möglich wieder loszuwerden. Was wäre aber, wenn wir diesen »Turbo Boost«[4] zielgerecht nutzen könnten, um unseren Weg oder unser Projekt damit zu unterstützen?

Dazu rate ich Ihnen vorerst Folgendes:

Atmen Sie tief durch und überlegen Sie sich schon die nächsten Schritte in Ihrem Leben oder im Rahmen des Projekts, die aufgrund des freudigen Erlebnisses nun möglich geworden sind. Gehen Sie danach zumindest eine Runde um den Häuserblock (noch effizienter wäre natürlich Sport), um sich zu bewegen und zu »erden«. Dies bewirkt, dass Sie der feinstofflichen Energie der Freude quasi »Wurzeln geben«, mit denen Sie Ihre weiteren Wünsche manifestieren können. Sie werden sehen, nach dieser

4 Kinder der 1980er-Jahre wissen es: Der Ausdruck »Turbo Boost« entstammt der Kultserie Knight Rider mit David Hasselhoff in der Hauptrolle. Beim Aktivieren des »Turbo Boosts« konnte Michael Knights Auto plötzlich springen und auf diese Weise scheinbar unbezwingbare Hindernisse überwinden.

Übung werden Sie bereits deutlich weniger euphorisch und wieder mehr bei sich sein, und das ist gut.

(Die exakte Definition des Begriffes »Erdung« finden Sie ebenso im Arbeitsblatt unter www.aufdiefresse.at/bonusmaterial)

Würden Sie gerne mehr darüber wissen, dann freuen Sie sich auf mein Buch »*Denken in Energien – Die geistigen Gesetze des 21. Jahrhunderts*«, in dem ich mich wesentlich ausführlicher mit diesem Thema beschäftige.

Dort finden Sie weitere Techniken, wie man die wertvolle Energie, die man in Momenten der Euphorie in sich trägt, gezielt umleiten und für Zukünftiges nutzen kann, anstatt sie in Nullkommanichts zu zerstreuen und verschreien.

Der zweite Punkt, auf den ich Sie in diesem Kapitel ansprechen will, ist die nicht zu unterschätzende Gefahr, sich in Momenten der Euphorie manipulieren zu lassen.

Eine ganz besonders heikle Dynamik entsteht nämlich, wenn der euphorische Zustand über fremde Energie, sprich, andere Menschen kommt. Meine Partnerin Margarita zum Beispiel besucht alle zwei Monate ihre Tante, die mit unglaublicher Begeisterung näht und sich in ihrem Haus sogar ein eigenes Zimmer eingerichtet hat, nur um mit den modernsten Geräten diesem Hobby nachzugehen. Jedes Mal, wenn Margarita ihre Tante verlässt, verspürt sie eine große Euphorie und gleichzeitig ein großes Verlangen, ebenfalls mit dem Nähen zu beginnen. Sie malt sich sogar schon die Kleider aus, die sie kreieren könnte. Zwei Tage später ist dieses Verlangen jedoch regelmäßig wieder weg. Nun stellen Sie sich vor, Sie kommen daheim an und bestellen sich gleich das High-End Modell einer Nähmaschine für teures Geld. Ich wette mit Ihnen, dass Sie, sofern Sie diese nicht schon am nächsten Tag in Ihren Händen halten, bei der Ankunft der Maschine schon weitaus weniger Lust verspüren, diese überhaupt auszupacken.

Eine andere Freundin, die sich bis dato nie ernsthaft für Fremdsprachen interessierte, kam eines Tages nach einem beschwingten und ausgiebigen Salsaabend heim und buchte ruck-zuck ein Jahresabo auf Babbel, um Spanisch zu lernen. Da sie aber nicht Salsa tanzen konnte und somit auch nicht dauerhaft und regelmäßig von der lateinamerikanischen Community »eingefärbt« wurde, verschwand nach ein paar Einheiten das Bedürfnis wieder, Spanisch zu lernen. Traurigerweise wusste sie aber nicht mal, warum sie die Lust verlor und kam sich vor wie eine Versagerin, die ihr Vorhaben nicht durchzieht. Dabei erkannte sie einfach nur nicht, dass die externe Energie der Salsatänzer auf sie überschwappte und in ihr Euphorie erzeugte.

Das alles wäre aber noch relativ harmlos.

Nun stellen Sie sich weiter vor, jemand kommt mit einer »fantastischen« Idee für ein gewagtes Business, ein Schneeballverkaufssystem oder ein gefährliches Hobby. Sie spüren eine plötzliche Inspiration, die Sie begeistert. Vielleicht werden Sie sogar noch auf einen Event eingeladen, bei dem Gleichgesinnte anwesend sind. Sie werden so stark mit der Energie einer oder mehrerer anderer Personen eingefärbt, dass Sie sich vollkommen euphorisiert in eine Sache stürzen, die Sie möglicherweise später gar nicht gut finden, oder die Sie ohne die momentane energetische Unterstützung der Gruppe im Alleingang nicht durchziehen oder aufrechterhalten könnten. In diesen Augenblicken hören Sie auf, zu vergleichen, sind nicht rational, sehen alles durch die rosarote Brille und sind dadurch natürlich besonders leicht manipulierbar. Besonders gerne wird diese Technik in Kirchen, Sekten, Verkaufstrainings, politischen Ansprachen oder aber auch in Seminaren von Persönlichkeits- und Motivationstrainern eingesetzt. Nichts davon will ich Ihnen hier ausreden, denn es mag seine Berechtigung haben. Sie sollten lediglich die Dynamik und die damit verbundenen Gefahren für sich erkennen. Denn es passiert letztendlich immer wieder dasselbe: Nach einiger Zeit lässt die Euphorie so sicher nach, wie das Amen im Gebet, und der innere Schweinehund meldet sich zu Wort. Sie überdenken die Sache und beschließen, es wieder sein zu lassen, da es entweder »Blödsinn« war, nicht funktioniert, Sie das Interesse verlieren oder es einfach »nicht mehr spüren«. Das Ausmaß der unterschiedlichen Ausreden ist hier nach oben hin offen, und das Resultat solcher Momente ist dann meist ein Fiasko. Verlorene Zeit oder verlorenes Geld alleine schmerzt schon; was aber häufig noch wesentlich mehr wiegt, ist die Tatsache, dass Sie (oft zum wiederholten Male) Ihre Energie in ein Projekt gesteckt haben, das Sie NICHT BEENDEN! Daraus folgt, dass Sie sich wieder einmal wie ein Loser fühlen und darunter leiden, nicht genügend Ausdauer zu haben, um etwas abzuschließen. Später, wenn das große Jammern ausgebrochen ist, werden Sie über diese Situation dann sagen: »Ich habe mich mitreißen lassen«. Das ist nämlich exakt das, was in diesen Momenten passiert.

Dabei lässt sich das so »einfach« verhindern, indem man übt, während eines euphorischen Zustands keine Spontankäufe zu tätigen, keine Projekte zu beginnen, keine Firmen zu gründen, keinen Sekten beizutreten, keine zukunftsträchtigen Entscheidungen aller Art zu treffen, und vor allem nicht zu heiraten; denn Verliebtheit ist ebenfalls ein gefährlicher euphorischer Zustand, in dem man oft nicht klar denkt und möglicherweise Dummheiten begeht.

Sie können also sicher nachvollziehen, warum ich Ihnen dringend anrate, vor jeglicher größeren Entscheidung Ihre eigene Gefühlswelt zu kontrollieren. Haben Sie den unerträglichen Drang, etwas sofort mit allen zu teilen oder mit einer Sache noch in derselben Sekunde zu beginnen, dann ist das ein untrügliches Zeichen für Euphorie und Sie sollten die Notbremse ziehen.

Atmen Sie auch hier tief durch und versuchen Sie, alles mit Abstand zu sehen, auch wenn es nicht leicht sein mag. Vor allem, wenn es um Entscheidungen geht, ist jedes Mittel recht, um einer Sache wieder rational und neutral entgegenzutreten. Ein simpler Trick ist zum Beispiel, zu jeder spontanen Anschaffung oder möglichen Entscheidung eine zweite oder dritte Option zu suchen und anschließend alle Optionen miteinander zu vergleichen. Sobald Sie dies tun, kommen Sie wieder zurück in Ihren Verstand und die Gefahr einer Fehlentscheidung sinkt drastisch. Sie glauben jetzt sicher, ich will Sie des wunderbaren Gefühls der Euphorie berauben und alles miesmachen? Ihnen sogar erklären, dass Sie dieses Gefühl unterdrücken sollen? Nun, das will ich auf keinen Fall. Was ich Ihnen eigentlich sagen will, ist:

Seien Sie euphorisch! Freuen Sie sich! Genießen Sie es, solange Sie wollen! Aber denken Sie daran, dass Euphorie wertvolle Energie ist, die Sie als »Baumaterial« für Ihre Zukunft verwenden können und nicht verpulvern sollten.

Wenn ich Ihnen also zusammenfassend zwei schnelle Tipps geben darf:

- *Versuchen Sie, tolle Neuigkeiten oder Ideen nicht sofort jedem, der Ihnen unterkommt, zu erzählen.*

- *Vermeiden Sie, in Phasen von Euphorie schwerwiegende Entscheidungen zu treffen oder mit etwas Neuem zu beginnen.*

3. Schuldgefühle

Schuldgefühle sind ein Überschuss in lupenreiner Form und besonders fatal. Das Problem hierbei ist, dass die Natur nicht zwischen gut und schlecht unterscheidet. Ebenso wenig unterscheiden die Nivellierungskräfte zwischen gut und schlecht und kennen daher keine Gerechtigkeit.

Das Gleichgewicht wird in jedem Fall wiederhergestellt. Sobald Sie also ein Gefühl der Schuld verspüren, sind Sie gleichzeitig der Meinung, eine Strafe zu verdienen. Das Gesetz des Ausgleichs wird Sie daher automatisch bestrafen. Nun stellen Sie sich einen Menschen vor, der selbst zwanzig Jahre nach einem Ereignis, ob selbstverschuldet oder nicht, noch Schuldgefühle verspürt. Dieser Mensch ist dadurch dem Rest seines Lebens dauerhaft diesen Nivellierungskräften ausgesetzt und wird sich schwertun, jemals wieder glücklich zu werden. Eine Möglichkeit, dem zu entkommen, wäre die Erkenntnis, dass »Gerechtigkeit« in der Natur nicht existiert, und man dadurch beginnt, seine Schuld in einem anderen Licht zu sehen. Über anständige Leute mit dauerhaften Schuldgefühlen werden ständig neue Katastrophen hereinbrechen, während gewissenlose, zynische Bösewichte nach außen hin oftmals mehr Erfolg haben werden. Das ist eine vollkommen logische Dynamik und nichts, was man in Frage stellen sollte. Zu Ihrer Beruhigung darf ich Ihnen aber sagen, dass Bösewichte ihre Energielecks an anderer Stelle haben und es somit nichts gibt, worüber man sich beschweren könnte.

Je anfälliger Sie generell für Schuldgefühle sind, desto anfälliger sind Sie übrigens auch für Werbung, denn Werbung erzeugt in Ihnen Bedürfnisse, die wiederum Schuldgefühle erzeugen, wenn sie nicht befriedigt werden. Schließlich wollen Sie kein Niemand sein, weil Sie nicht diese oder jene Marke tragen. Und Sie wollen doch auch ganz sicher nicht schuld daran sein, dass Ihre Wäsche nicht sauber ist, bloß weil Sie das falsche Waschmittel verwenden. Ebenso gut funktioniert das Geschäft mit den Schuldgefühlen bei Religionen aller Art. Im Mittelalter konnte man sich im Christentum den Erlass aller Schuld sogar mit Geld kaufen. Was für eine Absurdität, wenn man der Sache genauer auf den Grund geht!

4. Hetzen und Ungeduld

U*ngeduld hat häufig Schuld*« schrieb schon Wilhelm Busch und traf damit den Nagel auf den Kopf. Denn Ungeduld mag das Universum absolut nicht, und dieser Überschuss ist wohl auch derjenige, den Sie bei sich am einfachsten erkennen können. Wenn Sie sich selbst oder andere hetzen, fühlen Sie sich gestresst, außerhalb Ihres Plans und Ihrer Mitte, und neigen zu Aggression und Intoleranz. In vielen Fällen wirkt sich dieser Zustand sogar körperlich aus, etwa durch erhöhten Puls und Blutdruck. Man fühlt sich getrieben und wird dadurch zum Opfer. Selten entsteht daraus etwas Gutes, denn die Nivellierungskräfte reagieren gnadenlos. Wenn jemand also »hudelt«, wie man in Wien zu sagen pflegt, muss er woanders wieder entschleunigt werden, und das passiert oft dort, wo's am meisten wehtut. Fragen Sie mich!

Wie oft habe ich mir schon in den Finger geschnitten, weil ich das Zwiebelschneiden besonders zügig hinter mich bringen wollte? Wie oft habe ich schon etwas verbockt, nur weil ich eine Sache »im Vorbeigehen« erledigen wollte, um »Zeit zu sparen«, und sie dadurch nicht in der notwendigen Aufmerksamkeit und bestmöglichen Qualität anging? Wie oft habe ich schon am Weg zu einem Termin eine Strafe wegen Schnellfahrens kassiert und entweder im Nachhinein dafür gebüßt, oder mir erst recht eine weitere Verzögerung durch ein unfreiwilliges Gespräch mit unseren Freunden und Helfern eingehandelt? Oder obskure Schleichwege genommen, um einem Stau zu entgehen, nur um festzustellen, dass hier eine Einbahnstraße oder dort eine Müllabfuhr im Weg war, und ich abermals noch später und gestresster ankam?

Gerade in solchen Fällen empfiehlt es sich, den Stau zu akzeptieren, eine mögliche Verspätung bekannt zu geben und die Zeit zu nutzen, um wieder zur Ruhe zu kommen. Ebenso wenig wachsen die Radieschen schneller, wenn wir ungeduldig sind und ihnen dabei zusehen wollen. Das lernen wir meist schon als Kinder. Klingt wie fortgeschrittenes Klugscheißertum, ich weiß, aber letzten Endes können Sie an der äußeren Situation ohnehin nichts ändern, sondern nur für sich entscheiden, ob Sie die Lage wie ein Opfer oder ein Schöpfer behandeln. »*In der Ruhe liegt die Kraft*« ist also nicht nur eine Floskel, sondern der beste Tipp, den ich Ihnen geben kann.

Denken Sie nämlich beim Beginnen einer Tätigkeit von Anfang an nur an das Ergebnis, ja, wollen es am liebsten sogar schon gestern haben, dann kann ich Ihnen jetzt schon versprechen, dass der Weg dorthin eine Qual sein wird. Denn durch Ihre Ungeduld wird sich ein Widerstand nach dem anderen einstellen und Sie zurückwerfen. Das Universum will Sie daran erinnern, geduldig zu sein, damit Sie, ich kann es nicht oft genug wiederholen, den Prozess genießen und sich nicht auf das Resultat fokussieren.

Bob Proctor, kanadischer Coach, Autor und einer der großen »Mindset-Gurus« der letzten fünfzig Jahre[5], rät in einem seiner Vorträge: »*Werden Sie ruhiger und schneller! Denn je gelassener Sie sind, desto effizienter werden Sie automatisch.*« Noch vor einiger Zeit hätte ich dieser Aussage entschieden widersprochen, weil ich sie nicht verstand. Mittlerweile aber weiß ich, dass der Trick daran ist, einfach keine Überschüsse zu erzeugen, die einen bremsen. Erst das Prinzip der Überschüsse half mir, nachzuvollziehen, wovon er spricht, und wie simpel das Ganze eigentlich ist. Daher kann ich seinen Rat nur in gleicher Form an Sie weitergeben:

Werden Sie ruhiger und schneller!

5 Bob Proctor wurde insbesondere durch den Film »The Secret«, der 2006 erschien, weltweit bekannt. Ich bin übrigens bei vielen Themen mit seinen Aussagen nicht konform.

5. Zuviel Aufmerksamkeit auf eine Sache

Sicher kennen Sie jemanden, der sich in etwas wie einen neuen Job, eine neue Geschäftsidee, einen neuen Partner oder ein neues Hobby so hineinstürzt, dass er viele andere Dinge oder andere Menschen vernachlässigt. Dies entsteht durch die irrige Annahme, dass wir automatisch hervorragende Ergebnisse erzielen, wenn wir uns mit Haut und Haaren einer bestimmten Sache verschreiben. Diese Annahme wird durch einige Mental- und Motivationstrainer unterstützt, indem diese immer wieder gebetsmühlenartig darauf hinweisen, sich zu hundert Prozent auf eine einzige Sache zu fokussieren, wenn Sie es schaffen und Erfolg haben wollen. Nun, bis zu einem gewissen Punkt kann das auch ein funktionierender Weg sein, wenn Sie zum Beispiel reich oder Nummer 1 der Tennisweltrangliste werden wollen. Wollen Sie jedoch reich und erfolgreich werden, gleichzeitig aber glücklich sein und gesund bleiben, dann lohnt es sich, das Ganze nochmals aus einem anderen Blickwinkel zu betrachten.

Um es vorwegzunehmen: Prinzipiell ist es natürlich sinnvoll, seine Energie zu fokussieren und nicht zu verstreuen. Das ist auch die Message, die ich mit diesem Buch kommunizieren will. Von mir werden Sie also auch den Tipp bekommen, nicht fünf Geschäftsideen gleichzeitig und dadurch nur mit halber Kraft zu beginnen. Wenn Sie aber den Weg des totalen Fokus‘ gehen, und das will ich Ihnen auf gar keinen Fall ausreden, dann laufen Sie Gefahr, das Gesetz des Ausgleichs zu verletzen und Überschüsse zu erzeugen. Daher gilt es, ein paar Dinge zu beachten, damit das nicht passiert und Sie Ihren Erfolg auch nachhaltig genießen können.

Wie bereits am Anfang des Kapitels erwähnt, ist es immer konstruktiv, selbst aktiv für Ausgleich im Leben zu sorgen. Man kann sich das in etwa so vorstellen, dass Sie diese eine Sache in eine Waagschale werfen, und den Rest Ihres Lebens in die andere. Dass dies mit Gleichgewicht relativ wenig zu tun hat, ist offensichtlich. Wenn Sie also einer Tätigkeit, einer Person oder einer Emotion zu viel Aufmerksamkeit schenken und all Ihre Energie dort hineininvestieren, muss diese Energie von irgendwoher kommen. Sie ziehen somit ZWANGSLÄUFIG Energie von anderen Lebenssäulen *(siehe die Begriffserklärungen unter www.aufdiefresse.at/bonusmaterial)* wie Gesundheit, Geld oder Beziehungen ab, die Ihnen in diesen Bereichen dann fehlt. Das ist ein Überschuss! Ist Ihr einziges Lebensziel, möglichst viel Geld zu verdienen, können Ihnen die Nivellierungskräfte Krankheiten und andere Katastrophen schicken, nur um Sie mit allen Mitteln darauf hinzuweisen, dass es auch noch andere Aspekte im Leben gibt. Bei Spitzensportlern wiederum erfolgt dieser Hinweis oft in Form von Verletzungen und »erzwingt« dadurch eine Gelegenheit, sich auch mal wieder um andere Dinge zu kümmern und Ausgleich zu schaffen. Sollten Sie dennoch Tennisprofi werden wollen, dann lassen sich selbst mit täglichem mehrstündigem Training Überschüsse vermeiden, indem Sie in der restlichen Zeit bewusst darauf achten, mit Ihren übrigen Lebenssäulen nachzuziehen. Oftmals lässt sich diese Problematik auch bei (vor allem männlichen) Ex-Sportlern erkennen, die nach ihrer aktiven Karriere in Alkohol-, Drogen- oder sonstige Probleme stürzen, weil sie jahrelang ihre anderen Lebenssäulen vernachlässigten und somit gigantische Überschüsse erzeugten. Frauen hingegen sind in ihrem Grundinstinkt eher vereinend und ausgleichend und haben dieses Problem daher nicht ganz so stark wie Männer, deren Grundenergie eher trennend ist.

Sollten Sie also in näherer Zukunft ein Buch eines der unzähligen Coaches zum Thema »Geld verdienen und reich werden« in Angriff nehmen, denken Sie an meinen simplen Tipp:

Versuchen Sie, auf Ihrem Weg alle Lebenssäulen in Balance zu halten, und dieser Weg wird mit weitaus weniger Widerständen gepflastert sein!

6. Lästern

In dem Moment, wo man lästert, wird nie der andere unattraktiver, sondern immer nur man selbst.« (Sprichwort)

Wer über andere lästert, macht zunächst einmal zwei Dinge: Er spricht über Sachen, die nicht funktionieren, und er will, dass andere dies bezeugen. Er stellt sich somit auf ein Podest. Daraufhin passieren weitere zwei Dinge: Immer weniger wird funktionieren, und andere werden im Gegenzug über Sie lästern. Dafür sorgt schon das Gesetz der Resonanz, ganz automatisch. Gelästert wird vor allem aus Gründen, die wir allesamt auf der Verbraucherseite unserer Liste finden, und daher ist es auch hier nicht schwer, festzustellen, dass man sich beim Universum damit nicht gerade beliebt macht. Übliche Motive sind Neid, Konkurrenzdenken, Unzufriedenheit mit uns selbst sowie generell das Benutzen anderer als Projektionsfläche für unsere eigenen Mängel. Und obwohl wir das alles instinktiv wissen, tun wir uns trotzdem oft schwer, es zu unterlassen.

Die Antwort, warum wir so handeln, ist simpel: Es handelt sich hier um lupenreinen Energievampirismus, und dieser tut beizeiten natürlich richtig gut (wie ich ab Seite 129 ausführlich beschreiben werde). Man lästert, wenn man gerade übertrieben emotional ist und Dampf ablassen will. Man lästert, um Bestätigung für sein eigenes Wertesystem zu bekommen. Man lästert, um sich Zugehörigkeit zu ergaunern. Denn in Gruppen lästert es sich natürlich noch viel bequemer, bekommt man doch durch die Zustimmung anderer ein starkes »Wir«-Gefühl und dadurch noch viel mehr Energie geliefert.

Sie wollen sich diesen Spaß nicht nehmen lassen? Sie denken, wenn andere über Sie lästern, betrifft Sie das ohnehin nicht und sind auch noch stolz darauf? Sie glauben, es sei ein Zeichen von Erfolg, wenn sich andere über Sie das Maul zerreißen? Nun, dann haben Sie möglicherweise die Existenz des Gesetzes der Resonanz wieder vergessen. Denn erstens gehen Sie von vornherein davon aus, dass andere lästern, nur weil Sie es tun, und bekommen dadurch Angst, selbst Fehler zu machen oder einzugestehen; zweitens strahlen Sie ganz andere Schwingungen aus, wenn Sie nicht lästern, und andere fühlen sich dadurch automatisch weniger bemüßigt, zurückzulästern; und drittens vertreiben Sie automatisch jeden Schöpfer aus Ihrem Umfeld. Denn jeder, der das Prinzip erkannt hat, wird in Zukunft tendenziell einen Bogen um Sie machen, um nicht selbst unter die Räder Ihrer Schlechtmacherei zu kommen. Wer will schon Zeit mit einem Menschen verbringen, der den Ruf eines Klatschmauls hat? Außer natürlich, er ist selbst eines.

Ich kann Ihnen jedenfalls bestätigen, dass ich seit Jahren ausgezeichnete Resultate damit einfahre, seit ich mich mehr zusammenreiße und weniger lästere. Auf einmal merke ich, wie mich Leute plötzlich wieder respektieren, die noch vor einiger Zeit gar nicht so gut auf mich zu sprechen waren. Sie werden erfahren, wie gerne plötzlich Menschen Ihre Nähe suchen. Diese werden sich in Ihrer Gegenwart sicher und geborgen fühlen, weil sie nicht befürchten müssen, dass schlecht über sie geredet wird, sobald sie den Raum verlassen.

Sollten Sie jedoch weiterhin Gefallen daran finden, alles und jeden schlechtzumachen, wird das Universum Sie durch das Gesetz des Ausgleichs irgendwann ohnehin so weit reduzieren und Ihnen jegliche Überheblichkeit nehmen, dass Sie anderen und sich selbst nicht noch größeren Schaden zufügen können. Man könnte auch sagen, dann beginnt das Schicksal, über Sie selbst zu lästern.

Abschließend würde ich Ihnen noch gerne, falls Sie sie nicht kennen, die Geschichte der drei Siebe des Sokrates erzählen, die auch mir entscheidend geholfen hat, meine Denkmuster in dieser Hinsicht nachhaltig zu verbessern:

Ein Mann rannte auf Sokrates zu.
»Sokrates, Sokrates! Weißt Du, was ich gerade über einen Deiner Schüler gehört habe?«
»Warte einen Moment«, sagte der Philosoph. »Bevor Du mir davon erzählst, möchte ich, dass Du einen kleinen Test machst, den ich ›die drei Siebe‹ nenne.«
»Die drei Siebe?«
»Ja. Bevor Du aussprichst, was Du sagen willst, prüfe es. Das erste Sieb ist die Wahrheit. Hast Du absolut sichergestellt, dass das wahr ist, was Du mir erzählen willst?«

»Äh, naja, nein ... ich habe eigentlich nur davon gehört.«
»Gut. Du weißt also nicht, ob es wahr ist oder nicht. Dann lass uns zum zweiten Test kommen. Das Sieb der Güte. Ist das, was Du mir über meinen Schüler erzählen willst, etwas Gutes?«
»Nein, im Gegenteil.«
»Aha, Du willst mir also etwas Schlechtes über meinen Schüler erzählen, obwohl Du nicht weißt, ob es wahr ist.«
Der Mann zuckte die Schultern. Er wirkte inzwischen etwas betreten.
Sokrates fuhr fort: »Vielleicht besteht das, was Du mir sagen willst, ja den dritten Test. Das Sieb der Nützlichkeit. Ist das, was Du mir mitteilen möchtest, hilfreich für mich?«
»Also ... nein, nicht wirklich.«
»Wenn es weder wahr ist, noch gut oder zumindest nützlich, warum solltest Du es mir dann überhaupt erzählen?«
Der Mann verstummte, er schämte sich und ging fort. Er hatte verstanden.

7. Übertrieben emotionale Bewertungen

Besonders gängig ist dieser Überschuss bei frisch Verliebten, die plötzlich sämtliche ihrer bisherigen

Richtlinien verletzen und klassisch »blind vor Liebe« werden. Was aber steckt dahinter?

Wenn eine Sache für uns sehr wichtig ist, sind wir oft nicht in der Lage, ihre Eigenschaften objektiv zu beurteilen. Zum Beispiel statten wir ein Objekt der Anbetung mit übergroßer Würde aus, ein Objekt des Hasses mit riesigen Mängeln und ein Objekt der Angst mit schrecklichen Eigenschaften. Wie Sie sehen, ist die gedankliche Energie geneigt, auf künstliche Weise Eigenschaften zu erfinden, die oftmals gar nicht da sind und nur von ihr so dargestellt werden. In so einem Fall entsteht ein Überschusspotenzial, das umso größer wird, je mehr Emotionen wir in die Beurteilung einer Sache stecken. Ist die Beurteilung übertrieben positiv, kommt es schnell zur weiter oben bereits beschriebenen Euphorie. Im negativen Fall wiederum werden zum Beispiel Menschen mit einer Eigenschaft, die wir nicht so schätzen, gerne auf diese eine Eigenschaft reduziert, ohne dass wir ihren Schöpferanteil sehen wollen. Übertriebene Emotionen lassen uns also reaktiv und irrational handeln, wir rutschen immer tiefer in die Rolle eines Verbrauchers und, was weitaus schlimmer ist, wir blockieren uns selbst, wenn wir nicht zumindest den versteckten Nutzen einer Emotion erkennen. Nicht umsonst ist es die Hauptaufgabe von Therapeuten aller Art, insbesondere negative Emotionen so gut wie möglich aufzulösen. Ich selbst zitiere in diesem Zusammenhang gerne Robert T. Kiyosaki aus seinem großartigen Buch »*Rich Dad Poor Dad*«:

»Steigen die Emotionen, sinkt die Intelligenz.«

8. Übergroße Erwartungen

Hier kann es leicht zu Missverständnissen kommen, denn viele Leute sind der irrigen Ansicht, dass man immer das Maximum erwarten und dies auch manifestieren sollte. Oft wird das durch die Fehlinterpretation von Büchern wie »*The Secret*« so gehandhabt, nur um dann festzustellen, dass es nicht funktioniert. Kein Wunder, denn so gut wie niemand vermag sich vorzustellen, was sein persönliches »Maximum« wäre, sobald er mal alle Energielecks schließt. Wenn Sie also erfolgreich manifestieren wollen, dann sollten Sie vor allem eines lernen: »Groß denken«. Sie werden sich jetzt sicher fragen, ob das nicht ein Widerspruch ist. Einerseits behaupte ich, man sollte groß denken, andererseits sollte man übergroße Erwartungen vermeiden. Oft aber führen große Erwartungen in erster Linie zu großen Enttäuschungen, daher schlage ich vor, das taktisch ganz anders anzugehen. Erst die Annahmebereitschaft für Fülle ist wahrhaft groß denken, und das funktioniert nicht, indem man sich einfach einen Dollarschein an die Wand hängt. Erst das Manifestieren eines Gefühls anstatt eines Ziels ist der Faktor, der dann wirkliche und vor allem nachhaltige Ergebnisse nach sich zieht. Hätten Sie also gerne einen Ferrari, manifestieren Sie nicht einen Ferrari, indem Sie in der ganzen Wohnung Fotos eines solchen anbringen, sondern manifestieren Sie das Gefühl, das Sie haben werden, wenn Sie in diesem Ferrari zum Beispiel über eine Küstenstraße der italienischen Riviera gleiten und Ihnen der Wind durch die Haare fährt. Ausführlicheres dazu finden Sie bald in meinem demnächst erscheinenden Buch *»Denken in Energien – Die geistigen Gesetze des 21. Jahrhunderts«*.

Setzt man in etwas übergroße Erwartungen, dann ist es ähnlich wie beim Hetzen. Man will es am liebsten sofort besitzen. Man denkt in Resultaten und nicht im Weg dorthin, und limitiert sich dadurch. Es ist daher sogar das unmittelbare Gegenteil von groß denken. Ich kann nur immer wieder betonen, dass stets der Genuss des Prozesses das anstrebenswerte Ziel ist.

Stellen Sie sich Eltern vor, die von Beginn an einen Plan für ihre Kinder haben, den sie als Ziel voraussetzen, oft aufgrund der eigenen Familiengeschichte. Der Bub muss selbstverständlich Anwalt werden, und das Töchterchen natürlich Ärztin. Ein besonders abschreckendes Beispiel ist das Phänomen der sogenannten *»Pageant Moms«*. Die Rede ist hier von Müttern (gilt natürlich ebenso für Väter), die ihre eigenen, enttäuschten Erwartungen durch ihre Kinder kompensieren wollen, indem sie versuchen, diese zu Schönheitsköniginnen, Schauspielern oder Leistungssportlern aufzubauen. Meist geschieht das gegen den Willen der Kinder, die zum Beispiel durch Liebesentzug emotional erpresst werden, wenn sie nicht die erhoffte Leistung erbringen. Die

Liste der später drogensüchtigen Kinderstars von Macaulay Culkin bis Britney Spears oder Lindsay Lohan ist lang.

Zu empfehlen wäre hier, dem eigenen Kind alle Möglichkeiten zu bieten, um den Weg seiner Entwicklung *in Freude* zu gehen, anstatt es durch zu starre Erwartungen unter Druck zu setzen. Inspiriert man die Kinder, anstatt ihnen einen Weg vorzugeben, öffnet man dadurch Türen und Tore, um vielleicht noch viel Größeres zuzulassen, als man sich in diesem Moment überhaupt vorstellen kann.

Jemand, der ständig in Erwartungen verharrt, befindet sich nicht im Jetzt, sondern in der Zukunft. Er lebt im Warten und beginnt, allerlei in sein mögliches Ziel hineinzuinterpretieren. Ich bin überzeugt, dass das Universum darauf so reagiert, dass es denjenigen durch Enttäuschungen immer wieder ins Jetzt zurückholt.

Eine weitere fatale Auswirkung falsch interpretierter »Erwartungen« ist übrigens auch das Gegenteil davon, nämlich, wenn man KEINE Erwartungen zulässt, aus Angst, enttäuscht zu werden. Durch »Nichterwarten« limitiert man seine Annahmefähigkeit, man setzt keine *Richtlinien* (die ich ab Seite 144 genauer erkläre) beziehungsweise definiert keine klare Richtung und geht auch nicht in Resonanz mit seinen Wünschen.

Gewöhnt man sich das an, mag man sich vielleicht einreden, glücklicher zu sein. Stattdessen wird der Mangel zur Komfortzone, aus der man nicht mehr entkommt, und erlaubt sich daher nie, groß zu werden. Erst, wenn wir lernen, Enttäuschungen als Entwicklung zu betrachten, dankbar dafür zu sein und keine Angst mehr davor zu haben, anstatt sie zu vermeiden, können wir aus diesem Teufelskreis ausbrechen. Über dieses Thema gibt es ja bereits Hunderte von Büchern, und auch dazu habe ich in meinem nächsten Werk »*Denken in Energien – Die geistigen Gesetze des 21. Jahrhunderts*« einige überraschende Standpunkte zu bieten, die über den üblichen Mainstream konventioneller »Wunschbücher« hinausgehen.

9. Geiz

Ist es Ihnen schon einmal passiert, dass Sie dachten, ein Megaschnäppchen gemacht zu haben, ohne die Qualität überprüft zu haben, und besagtes Schnäppchen stellte sich nachher als unbrauchbar heraus oder gab innerhalb kürzester Zeit den Geist auf? Oder Sie freuen sich darüber, Geld eingespart zu haben, indem Sie eine Rechnung schwarz kassiert und somit das Finanzamt ausgetrickst haben, und drei Tage später geht Ihnen das Auto ein und die Reparatur beträgt das Doppelte des Eingesparten? Speziell, wenn die Ersparnis möglicherweise auch noch »moralisch fragwürdig« war, wie zum Beispiel, wenn jemand vergisst, Ihnen eine Leistung zu verrechnen?

Also, ich kenne das gut. Man glaubt, man spart etwas und freut sich kurzfristig. In Wahrheit befindet man sich in einem Mangelzustand, und der vermeintlich vermiedene Energieaustausch passiert trotzdem auf anderer Ebene. Wie bereits mehrfach erwähnt, kann das von kleinen Widerständen bis hin zu gesundheitlichen Problemen reichen.

Damit hier keine Missverständnisse auftreten, möchte ich gerne auf zwei Sachen hinweisen: Erstens: Geiz darf nicht mit Sparsamkeit verwechselt werden. Wenn jemand die Mittel, die ihm zur Verfügung stehen, sinnvoll einsetzt, kann das durchaus auch zu einer guten Entwicklung führen. Der schöpferische Weg, mit Geld sparsam umzugehen, wäre, ausgiebig zu vergleichen und dann das Produkt mit der besten Qualität im besten Preis-Leistungs-Verhältnis zu erstehen, und nicht prinzipiell das Billigste zu nehmen. Geizige hingegen hätten wiederum die Mittel, zu geben oder zu zahlen, wollen es jedoch aus persönlichen, charakterlichen Gründen nicht. Hier wird Geiz dann schnell zu Gier und Habsucht.

Zweitens, damit auch das nochmal klar ist: Es gibt absolut gar nichts an Reichtum auszusetzen. Ich wünsche Ihnen sogar, durch die Lektüre dieses Buches und die hier gelieferten Informationen steinreich und glücklich zu werden. Durch Geiz und Gier allein werden sie allerdings möglicherweise steinreich, meiner Erfahrung nach aber nicht glücklich oder gesund. Geiz schaut auch nicht auf Qualität, sondern nur auf den Preis, und das ist pures Verbrauchertum.

Denn Geiz ist nichts anderes als ein Ausdruck von Mangelbewusstsein; Mangel und Glücklichsein schließen einander jedoch de facto aus. Ich behaupte sogar, dass langjähriger Geiz in erster Linie auf die Gesundheit schlägt, denn man lebt in einer ständigen energetischen »Verkrampfung«. Betrachtet man das überhaupt »esoterisch«, dann wird einen das Universum vor allem durch Krankheiten zwingen, den Fokus weg von materiellem Besitztum hin auf sich selbst und seine Gesundheit zu lenken. Im Zweifelsfall so lange, bis man am liebsten sein ganzes Vermögen dagegen eintauschen würde, um wieder gesund zu werden.

Und, erinnern Sie sich noch? Im ersten Kapitel habe ich schließlich darauf hingewiesen, dass es eines meiner Hauptziele ist, Sie nicht nur erfolgreich zu machen, sondern auch gesund zu halten, was meiner Meinung nach bei vielen anderen Coaches und Büchern zu kurz kommt.

Falls Sie dieses Thema noch nie näher betrachtet haben, weil Ihnen die Werbung »Geiz ist geil« vorgaukelt, dann helfe ich Ihnen gerne weiter:

Geiz entsteht aus einer permanenten inneren Angst, eines Tages besitzlos und arm dazustehen. Der Geizige verspürt kein Vertrauen in die Welt und die Menschen, igelt sich energetisch immer mehr ein und versucht, eine Wand um sich herum zu bauen, anstatt offen und großherzig durch das Leben zu schreiten. In den meisten Fällen gönnen sich Geizige auch nicht besonders viel, da der Fokus nur auf dem Resultat, nämlich dem Anhäufen von Besitz, und nicht auf dem Genuss des Weges dorthin besteht. Die oder der Geizige vergönnt auch anderen nichts und will schon gar nicht irgendjemand anderen belohnen. Solche

Menschen wollen selbst alle Mittel haben, um sich mächtig zu fühlen. Und dafür gilt es, anderen etwas wegzunehmen.

Abgesehen von den anfangs erwähnten Fallen taucht Geiz auch auf andere Weise immer wieder im Alltag auf. Oft nimmt man sogar deutliche Abstriche in anderen Lebensbereichen bewusst in Kauf, nur um vergleichsweise lächerliche Beträge einzusparen.

Überprüfen Sie sich am besten immer wieder selbst diesbezüglich:

Lassen Sie sich gerne unterhalten, wollen aber dafür nichts ausgeben? Also durchforsten Sie lieber das gesamte Internet mühsam nach einem pixeligen Gratisstream eines Fußballspiels und handeln sich währenddessen einen Virus, zwei Trojaner und drei Popups mit Pornoseiten ein, anstatt für zehn Euro den Sportkanal zu abonnieren? Suchen Sie Freundinnen und Freunde danach aus, ob sie Ihnen nützlich sind und Sie dadurch Geld sparen könnten, obwohl Ihnen diese eigentlich auf die Nerven gehen?[6] Kommen Sie in Versuchung, in der U-Bahn schwarz zu fahren (in Wien geht das), weil Ihnen zwei Euro fürs Ticket zu viel sind, schauen sich aber während der ganzen Fahrt panisch in alle Richtungen um, falls Kontrolleure auftauchen? Haben Sie kein Problem damit, schnell mal vier Euro

6 Speziell in meinem früheren (weiblichen) Freundeskreis war das eine vollkommen normale Situation. »Juhu, ich habe einen neuen Typen kennengelernt!« »Gratuliere, wie ist er denn so?« »Naja, hier und dort ist er etwas mühsam, aber er ist Arzt (Anwalt, Lokalbesitzer etc.)«
Männer sind in dieser Hinsicht übrigens um keinen Deut besser, hier gelten bloß, bis auf den Lokalbesitzer, andere Kriterien.

für einen Kaffee bei Starbucks zu zahlen, recherchieren aber auf Amazon stundenlang, um bei einem Gerät in der Hundert-Euro-Region sieben Euro einzusparen? Oder mein persönliches Lieblingsbeispiel: Fahren Sie einen Umweg zur billigsten Tankstelle in der Region, um sich dann zwanzig Minuten anzustellen (erlebe ich fast jeden Tag), weil dort das Benzin um zehn Cent pro Liter billiger ist?

Wenn Sie sich hier irgendwo ertappt fühlen, dann wissen Sie, dass es auf dem Weg zur Fülle noch Luft nach oben gibt.

Am besten üben Sie schon im Kleinen, diesen Überschuss zu vermeiden, indem Sie sich immer öfter ohne schlechtes Gewissen ein wenig Luxus gönnen und lernen, mit Freude Geld auszugeben, in dem Bewusstsein, dass Sie dadurch den Kreislauf von Geben und Nehmen unterstützen und in Ihre Entwicklung investieren. Vertrauen Sie darauf, dass es von woanders zurückkommt!

Denn je mehr Sie in allen Belangen hamstern und sparen, desto mehr fühlen Sie sich innerlich arm. Dies wiederum verhindert, dass Neues, Gutes, zu Ihnen zurückkommt und Sie lernen dadurch nie, zu vertrauen. Es ist wie die vielzitierte Katze, die sich in den Schwanz beißt.

10. Stillstand

P*anta rhei*«. Alles fließt. (Heraklit, griechischer Philosoph)

Der stetige Fluss des Lebens, die ständige Veränderung und die damit verbundene Entwicklung ist der Zustand, in dem wir uns aufhalten sollten. Er ist, sinnbildlich gesprochen, die eingangs erwähnte *Mitte*. Wir fließen, wenn wir in unserer Mitte sind. Wir sind in unserer Mitte, wenn wir fließen.

Diesem Punkt würde eigentlich eine weit höhere Position in der Rangliste gebühren, doch als krönendem Abschluss kommt ihm eine eigene Wertigkeit, beziehungsweise fast schon eine Sonderstellung zugute, auf die ich bewusst hinweisen will.

Denn Stillstand ist einer der größten Überschüsse überhaupt. Stillstand zu erzeugen, erfordert enorme Widerstandskraft. Wer sich also aktiv gegen Veränderung im Leben wehrt, schwimmt gegen den Fluss, und das kostet sehr viel Energie, die dann an allen Ecken und Enden fehlt. Wir verwenden unsere Energie, um gegen unsere Ängste vor Veränderung anzukämpfen, anstatt sie zu benutzen, um uns wie einen rauen Stein stetig zu schleifen und zu einer besseren Version unserer selbst zu entwickeln.

Das zweite bekannte Zitat Heraklits, »*Die einzige Konstante im Leben ist die Veränderung*«, gehört ja mittlerweile ebenfalls zum Mainstream; dennoch kann man überall Leute beobachten, die sich mit Händen und Füßen gegen jede Art von Veränderung stellen. Das ist zunächst auch durchaus nachvollziehbar, weil es in der Natur des Menschen liegt, in seiner Komfortzone bleiben zu wollen. Dazu ein Detail am Rande: Wussten Sie übrigens, dass das Gehirn seine Energie proportional vom restlichen Körper abzapft, das heißt, je mehr Sie geistig arbeiten, desto weniger Energie bleibt für den Körper selbst übrig. Aus diesem Grund wird der Körper immer Widerstand gegen Entwicklung leisten, er ist somit auch bei geistigen Herausforderungen der eigentliche innere Schweinehund, den es zu besiegen gilt.

Wenn man allzu dezidiert auf mangelnde Entwicklung hingewiesen wird, kann einen das schnell aggressiv machen. Auch ich kenne das wieder sehr gut von mir selbst, da ich jahrelang in einer sagenhaften Ignoranz und Überheblichkeit gegenüber manchen Tipps residierte. Es nutzt einem ohnehin nichts, denn, wie ich auch wieder an mir selbst und vielen Freunden gesehen habe, man wird dann meistens durch den Lauf des Schicksals gezwungen, unfreiwillig in die Entwicklung zu gehen. Ein Festhalten am Widerstand gegen den Fluss erzeugt automatisch immer weitere, größere Widerstände, die, wie gesagt, selten erfreuliche Resultate zur Folge haben.

Wenn Ihnen also ein Mensch unterkommt, der mit regelmäßiger Häufigkeit den Spruch benutzt, »*Das war schon immer so und wird auch immer so bleiben«* , gebe ich Ihnen den freundschaftlichen Rat, schleunigst Reißaus zu nehmen und schon gar nicht mit demjenigen ein Geschäft zu beginnen.

Aber selbst, wenn wir uns selbst eine gute Annahmebereitschaft gegenüber Veränderung attestieren, gibt es wohl in jedem von uns diese Grenze der Komfortzone, außerhalb derer wir uns dem Thema gegenüber unentspannt verhalten. Ob wir unser Auto zu lange behalten, obwohl schon die ersten Kinderkrankheiten auftreten, ob wir viel zu lange grübeln, den Job aufzugeben, den wir überhaupt nicht mögen, oder gar an einer Partnerschaft festhalten, die nur noch aus Routine und Bequemlichkeit besteht: Jeder von uns kennt sicher solche Momente aus seinem Leben, denn der Mensch ist von Natur aus ein Gewohnheitstier. Genau deswegen sollten Sie sich nicht vorschnell verurteilen, dennoch aber ein Bewusstsein dafür entwickeln, dass, wie bereits erwähnt, das einzig Sichere im Leben die Veränderung ist.

Eine Freundin beschwerte sich kürzlich auf Facebook lautstark über den Produktionsstopp ihres Lieblingsparfüms. Eine Katastrophe! Nie wieder in ihrem Leben würde sie so riechen, wie sie die letzten sieben Jahre gerochen hat. Ihre Online-Community war schnell mit naheliegenden als auch komplett absurden Tipps zur Stelle, nur um eines mit größtmöglichem Aufwand zu verhindern: Veränderung. Erkennen Sie mittlerweile die Skurrilität der ganzen Situation? Ab diesem Zeitpunkt wäre nämlich ein übertriebener Energieaufwand notwendig, nur um einen

Status aufrechtzuerhalten, der ohnehin längst ein Ablaufdatum hat, anstatt sich mit Freude und Leichtigkeit von neuen Düften inspirieren zu lassen, bewusst den nächsten Schritt zu machen und neugierig zu sein, wohin es einen führt. Glücklicherweise kam meine Freundin im Rahmen ihres Postings und ihrer Recherche, die zeigte, dass Restbestände dieses Parfüms bereits zu Schwarzmarktpreisen gehandelt werden, relativ schnell zu demselben Schluss: dass sie sich dieser Tatsache eher früher als später ohnehin stellen müsste und es schlichtweg keinen Sinn machte, dem Parfüm nachzuweinen.

Die gerade erwähnten Beispiele lassen sich recht einfach identifizieren. Schwieriger erkennbar wird es, wenn Sie zum Beispiel einen längeren Weg hinter sich und endlich Ihr Ziel erreicht haben. Denn sobald Sie auf einem Gebiet absolute Spitze sind und sich theoretisch nicht mehr weiterentwickeln können, sollten Sie beginnen, etwas Neues zu lernen, damit wieder ein Fluss entstehen kann. Bleiben Sie auf Ihren bereits erlernten, alten Qualitäten hängen, entsteht ein erneuter Überschuss, der bald versuchen wird, Sie von diesem Podest der Zufriedenheit und des Stolzes herunterzustoßen.[7] Selbst wenn Sie in diesem Moment gerade der glücklichste Mensch der Welt sind, wäre es fatal, diesen Zustand konservieren zu wollen, denn

7 Die Corona-Krise hat diese These sehr eindrucksvoll bewiesen, indem viele Leute, deren Geschäft vorher einwandfrei über Jahre hinweg funktionierte, Probleme bekamen, nur weil sie sich darauf ausruhten. Erfolg haben werden auch in Zukunft vor allem diejenigen, die mit Freude bereit sind, sich jederzeit weiterzuentwickeln und sich neu zu erfinden.

es würde ohnehin nicht funktionieren, sondern Sie ganz im Gegenteil »zerstören«. Auch schon Johann Wolfgang von Goethe formulierte diese Weisheit unvergessen in Person seines *Fausts* (der übrigens durch und durch ein wahrer Verbraucher war):

»Werd ich zum Augenblicke sagen:
Verweile doch! Du bist so schön!
Dann magst du mich in Fesseln schlagen,
Dann will ich gern zugrunde gehn!«

Vergessen Sie daher nie:

Bei Stillstand, wie auch bei allen anderen Überschüssen, die zu lange aufrechterhalten werden, gilt ganz besonders:
Steuert man nicht schleunigst bewusst dagegen, manifestiert sich dies durch Krankheit, Unfälle, Geldverlust, Depressionen oder ähnliche, nicht wünschenswerte Ereignisse. Man sabotiert sich selbst und weiß oft nicht, wie einem geschieht.

Sie sehen, es ist also gar nicht so schwer, mit ein bisschen Übung herauszufinden, wann Sie sich aus der Mitte bewegt und ein Überschusspotenzial erzeugt haben.

Besonders leicht lässt sich dies feststellen, wenn Ihnen das Universum mehrere Widerstände hintereinander in den Weg legt. Sobald also irgendetwas nicht so funktioniert, wie Sie es gerne hätten, sollten Sie überprüfen, ob der Widerstand nicht durch einen Überschuss Ihrerseits ausgelöst wurde. Widerstände in jeglicher Form eignen sich auch immer ausgezeichnet dafür, den eigenen Zustand und das aktuelle Mindset auf Überschüsse und Mängel zu überprüfen.

Ein Tipp hierzu:

Will zum Beispiel ein Projekt nicht so recht in die Gänge kommen, weil immer wieder kleinere Widerstände auftreten, so könnten Sie sich fragen, ob Sie überhaupt schon perfekt vorbereitet sind, oder ob es nicht im Vorfeld noch einiges zu tun gäbe. Habe ich mich mit dem Thema schon ausgiebig genug beschäftigt? Habe ich meine Zielgruppe exakt definiert? Habe ich einen Businessplan? Ist der Zeitpunkt der richtige oder lohnt es sich, noch zu warten? In vielen Fällen lösen sich dann die Widerstände wie durch Geisterhand auf, sobald man diese Fragen berücksichtigt; oder man hinterfragt das Projekt nochmal als Ganzes, denn auch eine völlige Neuorientierung liegt im Bereich des Möglichen. Ich will Sie an dieser Stelle jedoch nicht entmutigen, sondern lediglich darauf aufmerksam machen, dass Dinge *in Leichtigkeit* funktionieren sollten, sobald man sich im Fluss befindet. Probieren Sie es aus, Sie werden über die Ergebnisse und Erkenntnisse erstaunt sein.

Zum Thema »Widerstände« darf natürlich ein Beispiel aus meinem eigenen Erfahrungsschatz nicht fehlen:

Unlängst wollte ich meinen Wagen aus der Garage fahren und ging dazu zum Ticketautomaten, um zu bezahlen. Es war heiß, ich war müde und wollte nur noch nach Hause. Vor mir standen allerdings Touristen an besagtem Automat, die hoffnungslos überfordert waren. Anstatt sie jedoch ihre eigenen Erfahrungen machen zu lassen und das Szenario zu genießen, begann ich, mich mit meinem dezenten, mir angeborenen Zynismus, einzumischen, was mit übertriebener, aber durchaus gerechtfertigter Aggressivität seitens der Touristen belohnt wurde, so dass ich mich beschämt entschuldigte. Und weil das offenbar noch nicht genug war, funktionierte plötzlich meine eigene Parkkarte am Automaten nicht mehr, und ich musste umständlich die Zentrale anrufen, um überhaupt aus der Garage fahren zu können. Mein Heimkommen verzögerte sich dadurch um weitere Minuten. Was habe ich falsch gemacht? Genau, durch meine übertriebene Eile und mein unwirsches Verhalten den Touristen gegenüber bildeten sich Überschüsse, die Nivellierungskräfte des Universums setzten ein und »bestraften« mich dafür. Als ich das bemerkte, musste ich über mich selbst lachen, war dankbar für die Erkenntnis, und alles war wieder gut.

Im Alltag werden Ihnen solche Sachen immer wieder passieren. Entscheidend ist dann vor allem, anhand der auftretenden Widerstände möglichst bald zu erkennen, dass Sie gerade einen Überschuss erzeugt haben. In diesem Fall haben Sie die Chance, sehr schnell wieder in den Fluss zu kommen. Gelingt Ihnen das nämlich nicht, werden Sie bald merken, dass die Nivellierungskräfte immer stärker werden, je mehr Überschüsse Sie bilden. Besonders gut ersichtlich ist das an »diesen Tagen«, wo Ihnen eine Niederlage nach der anderen widerfährt. Beim Frühstück fällt Ihnen das Marmeladebrot runter, selbstverständlich auf die Marmeladen-Seite, und Sie müssen putzen, obwohl Sie es ohnehin schon eilig haben. Am Weg zum Auto treten Sie dann gleich mal in Hundekot. In der Firma angekommen, geht Ihnen womöglich eine Kollegin, ein Kollege, die Chefin oder der Chef auf den Allerwertesten. Und so weiter. Vermutlich kennt jeder solche Tage, an denen er sich wie ein hilfloses Opfer des Schicksals fühlt.

Hat man jedoch das Gesetz des Gleichgewichts verstanden, kann man sich selbst vor zu großen Ausgleichsbewegungen schützen, die die Balance wieder herstellen, und von denen man nie weiß, wann sie erfolgen. Und zwar, indem man freiwillig und bewusst für mehr Ausgeglichenheit sorgt und bereits kleine Widerstände als solche erkennt. Bemerken Sie also, dass Sie gerade so richtig gar nicht in der Mitte sind, dann sollten Sie sich selbstständig wieder zurückbewegen.

Und wie mache ich das am einfachsten? Wie komme ich weiter, ohne von einem Überschuss in den nächsten zu taumeln? Die einfachste Möglichkeit in solchen Momenten der Erkenntnis ist, speziell wenn gerade gar nichts funktioniert, die geistige Notbremse zu ziehen, kurz innezuhalten und dann eine der folgenden Übungen zu machen:

- *Leiten Sie Ihre Aufmerksamkeit weg von den Dingen, die außerhalb Ihrer momentanen Kontrolle liegen, hin zu Dingen, die Sie kontrollieren können. Diese Dinge liegen immer in der Gegenwart und in der Zukunft, was soviel heißt wie, dass Sie automatisch freudige Emotionen generieren und wieder das Gefühl haben, eine Wahl zu haben. Schließlich können Sie sich ja augenblicklich dafür entscheiden, glücklich, frei und ein Schöpfer zu sein. Niemand anderer kann Ihnen das streitig machen.*

- *Fokussieren Sie sich auf drei Dinge, für die Sie dankbar sind. Dankbarkeit erzeugt immer einen eigenen Geisteszustand, der Sie wieder zurück zu sich holt.*

- *Denken Sie an etwas in Ihrem Leben, das funktioniert und Sie glücklich macht.*

- *Blicken Sie sich in Ihrer Umgebung um und finden Sie drei Dinge, die Ihnen gefallen.*

Alles ist erlaubt, solange es Sie wieder ins Plus zieht und Sie das aktuelle Problem vergessen lässt. Sind Sie aber tatsächlich gerade so genervt, dass Sie sich schwertun, etwas Positives zu sehen, dann können Sie auch schon dankbar dafür sein, gesund zu sein, ein Dach über dem Kopf zu haben oder sogar einfach nur frei atmen zu können. Selbstverständlich können Sie in diesen Situationen auch meditieren. Entscheidend ist wie gesagt, dass Sie beginnen, Ihre Aufmerksamkeit umzulenken. Und Sie tun gut daran, denn ansonsten wird Ihnen das Gesetz des Ausgleichs weitere Stolpersteine in den Weg legen, bis die Lage oder der Tag immer schlimmer wird. Sie sehen also, Sie haben es durchaus selbst in der Hand, hier gegenzusteuern, und ich kann Ihnen aus eigener Erfahrung berichten: Es funktioniert.

Ich hoffe, ich habe nun einigermaßen schlüssig erklärt, warum diese Nivellierungskräfte immer über Erfahrungen kommen, die man vorerst als negativ empfindet. Wann immer Sie also so eine negative Erfahrung machen, versuchen Sie herauszufinden, welchen Überschuss Sie gerade erzeugt haben; Sie werden sehen, dass sich innerhalb kürzester Zeit die ersten Erfolgserlebnisse einstellen. Außerdem kann ich Ihnen nicht oft genug ans Herz legen, meine *Schöpfer-Liste* regelmäßig durchzugehen. Denn wollen Sie in Ihrem Leben negative Erfahrungen so weit wie möglich vermeiden, dann halten Sie sich einfach an das simple Prinzip:

SCHLAUER SPRUCH

Vermeiden Sie so gut es geht, Überschüsse zu erzeugen!

Überschüsse

AUF DEN PUNKT GEBRACHT

Überschüsse entstehen, wenn Sie sich zu weit von Ihrer »Mitte« entfernen. Das Gesetz des Ausgleichs mit seinen Nivellierungskräften wird alles tun, um Sie wieder zurückzubewegen. Die Nivellierungskräfte manifestieren sich in sogenannten »Widerständen«.

Jeder Widerstand benötigt Energie, um ihn zu überwinden. Daher entsteht daraus ein großes Energieleck.

Das Gesetz des Ausgleichs wird oft auch als Karma bezeichnet.

Jedes negativ wahrgenommene Ereignis und jeder Widerstand in unserem Leben ist das Ergebnis eines Überschusses. Umgekehrt wird jeder Überschuss durch eine negative Erfahrung ausgeglichen.

Das Karma interessiert sich nicht dafür, was wir Menschen als gut oder schlecht definieren. Es ist lediglich das physikalische Prinzip von Ursache und Wirkung.

Geraten Ihre sogenannten »Lebenssäulen« ins Ungleichgewicht, ist dies ebenso ein Überschuss.

Je länger Sie einem Überschuss nicht gegensteuern, desto stärker und destruktiver werden die Widerstände, die er erzeugt, um auf sich aufmerksam zu machen.

Die gebräuchlichsten Überschüsse im Alltag sind:
Stolz
Euphorie
Schuldgefühle
Hetzen
Zuviel Aufmerksamkeit auf eine Sache
Lästern
Übertrieben emotionale Bewertungen
Übergroße Erwartungen
Geiz
Stillstand

Überschüsse

WIE SIE DAS LECK DAUERHAFT SCHLIESSEN

- Lernen Sie, Überschüsse als solche zu erkennen, und akzeptieren Sie die Folgen.

- Je mehr Sie sich an die Eigenschaften von Schöpfern halten, desto weniger Überschüsse erzeugen Sie automatisch. (Lesen Sie regelmäßig meine Liste!)

- Achten Sie bewusst und freiwillig darauf, emotional ausgeglichen zu sein.

- Kontrollieren Sie auch Ihr Umfeld, ob nicht hier jemand gerade schwere Überschüsse erzeugt, die Sie mitziehen.

Fragen Sie sich bei jedem, auf den ersten Blick negativen, Ereignis, welcher Überschuss dem zugrunde liegt und wann die Nivellierungskräfte zu wirken begannen.

Seien Sie bewusst dankbar. Schreiben Sie am besten so oft wie möglich alles auf, wofür Sie gerade dankbar sind. Nach einiger Zeit werden Sie bemerken, wie sich Ihre Wahrnehmung ändert und wie stark dieses Tool ist.

Gelingt es Ihnen gerade nicht, einen Überschuss selbst zu kompensieren, richten Sie Ihren Fokus auf schöne, funktionierende Dinge, sowie auf die Dinge, die Sie selbst in der Hand haben und kontrollieren können.

Anstatt mich am Höhepunkt meines Erfolges in Richtung »Schöpfertum« zu orientieren, zog ich es vor, weiterhin jede Nacht durch die Clubs zu ziehen und mich mit Alkoholikern zu umgeben.

4 Energievampire

»Möchtest du die Geheimnisse des Universums ergründen, dann denke in den Begriffen Energie, Frequenz und Schwingung«

NIKOLA TESLA

ENERGIEVAMPIRE

Sie haben also anhand der *Schöpfer-Liste* und des vorigen Kapitels erfasst, was einen Verbraucher ausmacht und alle Punkte verinnerlicht? Perfekt, denn dann können Sie dieses Kapitel guten Gewissens überspringen.
Haha, das war natürlich ein Scherz. Denn auch ich selbst verharre nach wie vor alle paar Tage vor der Liste und bin fasziniert, welche Erkenntnisse sie mir immer noch entlockt. Und das, obwohl ich dafür mehrere Jahre recherchiert und gefeilt habe. Haben Sie also bitte keine Sorge, dass die Fülle der hier kommunizierten Informationen Sie überfordert. Akzeptieren Sie, dass jeder Mensch sein eigenes Entwicklungstempo geht. Und das ist gut so. Vorausgesetzt, er ist bereit, sich zu entwickeln. Denn viele weigern sich standhaft, die für die Entwicklung notwendige Schöpferenergie selbst zu kreieren und gehen lieber den bequemen Weg, indem sie sich die Energie von anderen holen. Und genau um die geht es in diesem Kapitel. Wir nennen sie ***»Energievampire«.***

Was sich schon in weiten Teilen der Bevölkerung herumgesprochen hat, ist die Tatsache, dass man ausgesaugt wird, wenn man Zeit mit jemandem verbringt, der sich über alles und jeden beschwert. Ebenso, dass man selbst zum »Loser« wird, wenn man sich ausschließlich mit Losern umgibt.

In einem der ersten Kapitel habe ich Ihnen den saloppen Tipp gegeben, um Verbraucher einen möglichst großen Bogen zu machen und sich so wenig wie möglich mit »negativen« Leuten zu umgeben. Sicherlich haben Sie das schon wahrgenommen oder leben sogar längst danach. Wenn das allerdings bereits alles wäre, dann bräuchten Sie dieses Buch erst gar nicht lesen, denn wenn Sie diesen Maßstab anlegen, müssten Sie lediglich den Kontakt zu achtzig Prozent Ihres Umfelds abbrechen. Nachdem Sie das aber sicher nicht wollen, zahlt es sich aus, sich mit dem Thema näher zu beschäftigen. Viel interessanter und produktiver ist es nämlich, Vampirismus in allen Lebenslagen zu erkennen und darauf individuell und konstruktiv zu reagieren. Denn jeder Verbraucher, jede Verbraucherin, der wir begegnen, ist auch eine Chance, unsere Resonanz zu hinterfragen und zu verbessern. Bevor hier also etwaige Missverständnisse entstehen, möchte ich nochmal in aller Deutlichkeit klarstellen:

In diesem Kapitel erkläre ich Ihnen zwar einerseits, wie Sie Energievampire erkennen und mit ihnen umgehen, aber gleichzeitig, und das wird die weitaus wertvollere Erkenntnis sein, dass es nicht allzuviel bringt, diese auf Dauer einfach zu beschuldigen oder zu vermeiden. Erinnern Sie sich in diesem Zusammenhang wieder an das Gesetz der Resonanz, das schließlich besagt, dass es stets unsere Muster und Glaubenssysteme sind, die Ereignisse im Außen anziehen.

»Warum begegne ich diesem Menschen in dem Moment und was will mir das sagen?«, lautet also die Frage, die

Sie sich ruhig bei Gelegenheit stellen dürfen. Denn erst dann können Sie die folgenden Informationen wirklich gewinnbringend umsetzen, und nicht, indem Sie, was Sie möglicherweise früher getan haben, die Schuld für vieles im Außen suchen.

Zunächst einmal möchte ich Sie aber noch auf eine andere wichtige Tatsache aufmerksam machen, die Sie am besten ebenfalls für Ihr zukünftiges Leben und Ihre Karriere verinnerlichen:

Einen Schöpfer erkennen Sie NICHT daran, dass er oder sie finanziell erfolgreich ist und daher selbstbewusst auftritt. Sehr oft werden Menschen nämlich erst dann erfolgreich, wenn sie starke Energievampire sind, indem sie also die Energie anderer Menschen dazu benutzen. Simpel ausgedrückt:

> *Um als Verbraucher in der Welt der Verbraucher Erfolg zu haben, müssen Sie einfach ein noch größerer Verbraucher sein als die anderen.*

Und das sollte nicht Ihr Motiv sein, wenn Sie gerade dieses Buch in Ihren Händen halten, denn das wird auf Dauer nicht gutgehen. In vielen Geschäftszweigen geht es jedoch hauptsächlich darum, wer der stärkste Täter ist. Auch in vielen Büchern und Filmen über Berufe wie Anwälte oder Aktienhändler wird Vampirismus regelrecht glorifiziert. Meine persönlichen »Favoriten« in diesem Genre sind hier unter anderem »*Im Auftrag des Teufels*«

sowie »*The Wolf of Wall Street*«. Vollkommen zu Recht enden beide Filme eher tragisch, denn das, was hier dargestellt wird, dürfen Sie auf keinen Fall mit Schöpfertum verwechseln!

Bevor ich Sie aber mit oberschlauen Tipps zutexte, sollten wir zunächst einmal klären, wie Energieklau überhaupt funktioniert:

Um einem anderen Menschen Energie zu rauben, muss man ihn so niedrigschwingend wie möglich machen. Auf diesem Weg verliert er Energie, die ein geübter Vampir mit offenen Armen aufsaugt. Das kann auf zwei Arten passieren: Vorsätzlich oder durch die Hintertür. Den Vampir, der uns bewusst aussaugen will, erkennen wir meistens schneller, aber deswegen noch lange nicht immer. Weitaus gefährlicher ist jedoch der Vampir, der sich seines Vampirismus gar nicht bewusst ist. Aber wie sollen wir ihn dann überhaupt entlarven? Das ist eine gute Frage. Denn dafür hat dieser jede Menge Techniken, die wir unbewusst zwar wahrnehmen, aber oftmals nicht entschlüsseln können. Ich helfe Ihnen dabei, diese Techniken auch bewusst zu erkennen, und, was ich für ebenso wichtig halte, zu verstehen, wann wir selbst zu Vampiren werden. Ich erinnere nochmal daran:

SCHLAUER SPRUCH

Sind wir selbst Vampire, ziehen wir wiederum andere Vampire an.

Der Vampir muss Sie immer auf sein Niveau holen, um Sie anzuzapfen. Das kann er nur, indem er sich mit Ihnen austauscht. Dafür ist den Vampiren jedes Mittel recht. Oft sind sie auch sehr charmante und unterhaltsame Zeitgenossen, die ihr Umfeld durch diesen Charme manipulieren und die Leute so auf ihre Seite holen. Das erreicht ein Vampir übrigens ebenso gut dadurch, dass er Sie bestätigt. Energie gegen Bestätigung heißt hier die Formel. Weniger oder mehr offensichtliche Schleimer wissen das intuitiv und bestätigen Sie vor allem gerne in genau den Punkten, die Sie selbst gefühlsmäßig noch gar nicht erreicht haben. Wären Sie zum Beispiel, so wie ich, Musikproduzent und hätten passablen Erfolg, wären aber gerne noch weiter oben, braucht der Vampir nur so zu tun, als ob Sie bereits der Größte wären, der ihm je untergekommen ist. Sie fühlen sich geschmeichelt, freuen sich, so etwas zu hören und tappen in die Falle. Denn genau in solchen Momenten lässt man sich leicht überrumpeln und, schwupp, schon ist man seine Energie los.

Indem Sie dieses Spiel also mitspielen und dadurch den Austausch zulassen, begeben Sie sich auf sein Niveau, werden somit niedrigerschwingend und geben automatisch die abgefallene Energie an den Vampir ab.

Noch besser funktioniert dieses Spiel zwischen den Geschlechtern. Möglicherweise bewundern Sie (als Mann) andere Männer, die zu Frauen besonders charmant sind, oder fühlen sich (als Frau) von solchen angezogen (Vertreter anderer sexueller Ausrichtungen können dieses Beispiel gerne individuell abwandeln). Was auf den ersten Blick als positive Eigenschaft gewertet wird, kann ganz schnell in massiven

Vampirismus ausarten. Der Vampir nährt sich nämlich davon, dass fast jede Frau tief in sich selbst nach Bestätigung sucht und nur allzu bereitwillig Energie im Austausch für diese Bestätigung abgibt. Steigt sie auf die Komplimente ein, macht sie ihr Wohlbefinden und ihr Selbstbewusstsein von dem jeweiligen Mann und den Ausmaßen der Komplimente abhängig, und dies äußert sich in einem großen energetischen Leck. Steigern kann der Mann diesen Energiediebstahl auch noch, indem er der Frau die Aufmerksamkeit plötzlich wieder entzieht. Auf diese Art und Weise kann man mit den Gefühlen eines Menschen spielen wie auf einer Orgel, und der andere sitzt in der Falle.

In solchen Situationen kann es dann auch oft passieren, dass die Frau Dinge tut, die sie nachher bereut, nur um sich diese Bestätigung zurückzuholen.[1] Das schlechte Gewissen oder die Scham am Tag danach kommt jedenfalls oft nicht einmal davon, was tatsächlich passiert ist, sondern von dem diffusen Entsetzen, energetisch missbraucht worden zu sein, ohne es in dem Moment mitbekommen zu haben. Ich kenne selbst einige Männer, die dieses Spiel perfekt beherrschen, und das ist wahrlich von außen nicht besonders schön zu beobachten. Ich kann mir sogar gut vorstellen, dass ich diese Taktik früher gelegentlich selbst unbewusst angewandt

1 Männer werden vermutlich wissen, worauf ich anspiele, nämlich auf den Austausch körperlicher Gefälligkeiten. Ich habe mir allerdings sagen lassen, dass Frauen hier eine Vielzahl an weiteren Szenarien in Betracht ziehen, die sie nachher bereuen könnten, auf die wir Männer gar nicht kommen würden. Daher wollte ich das nochmal klarstellen.

habe.[2] Natürlich funktioniert das Ganze auch in die andere Richtung, selbst wenn es nicht so häufig vorkommt.

Die wahren Meister des Vampirismus haben allerdings schon längst entdeckt, dass man ihren plumpen Versuchen durch Beschuldigungen, Respektlosigkeit oder Selbstmitleid bereits auf die Schliche gekommen ist. Das ist für diese allerdings nicht weiter tragisch, denn es gibt hunderte andere Wege, sich Energie zu erschleichen, ohne dass es das Gegenüber in dem Moment merkt. Und hier liegt die eigentliche Gefahr. In vielen Fällen würden Sie den Vampir nicht oder viel zu spät als solchen identifizieren. Haben auch Sie schon mal Zeit mit einem Freund oder einer Freundin verbracht und fühlten Sie sich danach schlapp und energielos? Hatten Sie nach einem zehnminütigen Telefonat mit Ihrer Mutter das Bedürfnis, sich hinzulegen? Und das Ganze, obwohl Sie diese Menschen richtig mögen? Dann wurden Sie trotzdem nach allen Regeln der Kunst ausgesaugt. Denn oftmals passiert das gerade über Eigenschaften, die Sie an dem anderen Menschen möglicherweise sogar schätzen.

Da die Mehrzahl der Energiediebstähle unbewusst und nicht vorsätzlich abläuft, ist es für uns umso schwieriger, sie auf den ersten Blick zu erkennen. Daher gebe ich Ihnen gerne mal eine kleine Einschulung in die offensichtlichen Warnsignale des Vampirismus:

2 Sollte sich jemand betroffen fühlen, möchte ich mich an dieser Stelle vorbehaltlos entschuldigen. Zur Verteidigung meines Geschlechts möchte ich allerdings festhalten, dass dies ursprünglich im männlichen Jagdtrieb verankert ist und erst eine Bewusstwerdung erfordert, die ich hiermit anrege.

Vampire ...

- *sind schnell beleidigt oder enttäuscht und erzeugen dadurch Schuldgefühle in anderen. (Weinen verstärkt das Ganze und wird oftmals auch bewusst zur Manipulation eingesetzt);*
- *mischen sich unaufgefordert in fremde Gespräche ein und versuchen, das Ruder zu übernehmen;*
- *versuchen anzugeben, um Neid zu erzeugen;*
- *versuchen, den anderen klein machen;*
- *stellen dumme Fragen aus einer Uneinsichtigkeit oder Sturheit heraus (sabotieren die Argumente des anderen und bringen ihn oder sie auf diese Weise aus dem Konzept);*
- *texten jeden zu, unabhängig, ob den anderen das Thema interessiert oder nicht (empfindet man manchmal fast schon wie eine Vergewaltigung);*
- *hetzen Menschen gegeneinander auf;*
- *sind stolz auf ihre Fähigkeit, andere zu manipulieren;*

- *versuchen, andere eifersüchtig zu machen;*
- *zweifeln alles an, was man ihnen erzählt;*
- *versuchen ständig, anderen etwas auszureden (Haben negative Erfahrungen und wollen anderen aus Neid daher keine guten gönnen);*
- *sind unflexibel und im Widerstand, Ratschläge anzunehmen oder etwas zu verändern;*
- *verurteilen und beschweren sich über alles und jeden;*
- *überfahren andere durch »unautorisierten« Körperkontakt, zum Beispiel durch Arm auf die Schultern legen;*[3]

War doch bisher relativ logisch und leicht nachvollziehbar, oder?

Dann sehen wir uns mal folgenden Szenarien an, bei denen Sie vielleicht nicht so aufmerksam sein würden. Könnten Sie hier die Vampire auch innerhalb von wenigen Sekunden ausmachen?

3 Dies gilt übrigens nicht für Kinder, da Kinder über Körperkontakt ihre Verbundenheit mit anderen wahrnehmen.

Vampire ...

- *werden leicht und schnell krank oder sind es bereits chronisch;*
- *sind übertrieben eifersüchtig;*
- *unterhalten mit Geschichten über lustige Pannen, also über etwas, das nicht funktioniert hat;*
- *machen ständig Witze und erwarten, dass alle anderen mitlachen;*
- *schwärmen ständig über die Vergangenheit beziehungsweise die »gute alte Zeit«;*
- *loben Sie über alle Maßen, überrollen Sie mit übertriebenen Komplimenten oder stellen Sie auf ein Podest;*
- *geben Ihnen ständig recht;*
- *passen ihr Gespräch an Sie an, obwohl es sie vielleicht gar nicht interessiert;*
- *stellen Ihnen »lebensentscheidende« Fragen und erwarten von Ihnen Entscheidungen; geben somit die Verantwortung an Sie ab;*

- *geben unaufgefordert Ratschläge;*
- *versuchen, Dritte in ihre Streitigkeiten zu involvieren, um Unterstützung zu bekommen;*
- *übernehmen generell ungern Verantwortung;*
- *sind süchtig nach stressmachenden Emotionen (sogenannte »Adrenalinjunkies«), sowie generell suchtgefährdet;*
- *misstrauen dem anderen Geschlecht;*
- *haben problematische Kinder (weil sie nicht in der Lage sind, Vorbilder zu sein);*
- *sind energielos und versuchen, das mit aufputschenden Mitteln zu kompensieren;*
- *lachen über Ihre Witze, obwohl sie sie nicht lustig finden;*
- *machen Hoffnungen und versprechen Sachen, die sie danach nicht einhalten; kompensieren dies meistens, indem sie sich nicht mehr melden oder das Thema vermeiden (in diesem Fall verlieren die Vampire die kurz gewonnene Energie langfristig wieder und schaden sich selbst umso mehr);*

Sie sehen also, hier wird es schon weitaus raffinierter, vor allem, weil wir es gewohnt sind, im Speziellen auf zwei extreme und gleichzeitig simple Varianten von Vampiren sensibel zu reagieren:

Täter und Opfer

Oder nennen wir sie lieber gleich beim richtigen Namen: Tätervampire und Opfervampire.

Beide sind gleichermaßen gefährlich!

Viele Leute machen nämlich den Fehler, nur um Täter einen großen Bogen zu machen, sich aber hingegen zu Opfern hingezogen zu fühlen. Warum das so gefährlich ist, habe ich schon im Kapitel »*Vom Verbraucher zum Schöpfer*« angeschnitten (siehe Seite 52). Hier ist größte Vorsicht geboten, um nicht bis auf den letzten »Tropfen« ausgesaugt zu werden.

Selbstverständlich sind die meisten Menschen nicht durchgehend Täter oder Opfer, denn je nach Situation kann man schnell von der einen in die andere Rolle schlüpfen. Der kalifornische Psychologe Stephen Karpman entwickelte dazu 1968 erstmals das sogenannte »*Dramadreieck*«, in das er zusätzlich noch die Rolle des »*Retters*« einführte, der ein Mittelding aus beiden darstellt. Dieses Szenario kennt wahrscheinlich jeder Mensch aus seinem eigenen Leben und aus unzähligen Büchern und Filmen, in denen die Story rund um die drei Charaktere Täter, Opfer und

Retter[4] aufgebaut ist. Einen kurzen Überblick über das Dramadreieck erhalten Sie ebenfalls in meinem Arbeitsblatt (unter *www.aufdiefresse.at/bonusmaterial*), für das weitere Verständnis dieses Buches müssen Sie jedoch lediglich wissen, dass es sich bei allen drei um unterschiedliche Versionen von Verbraucheranteilen handelt.

Denken Sie mal über Ihren Freundeskreis und Ihre Familie nach: Vermutlich hat jeder zumindest einen Menschen in seinem Umfeld, dem es oft nicht gutgeht. Ich wette mit Ihnen, dass Sie es nicht übers Herz bringen, dieser Person den einen oder anderen Wunsch abzuschlagen. Mitleid zu erzeugen ist nämlich eine der stärksten Manipulations- und Energieklau-Techniken.
Ein besonders treffendes Beispiel:

Ein Bekannter von mir hat einen Bruder, der regelmäßig im Alleingang bestimmt, wo die obligatorischen Familientreffen abgehalten werden, weil er doch »so arm ist und solche Probleme hat«, dass sich alle lieber seinem Wunsch beugen, anstatt sich den ganzen Abend Beschwerden anhören zu müssen. Selbst wenn also neun Leute zum Italiener gehen wollen, er jedoch zum Chinesen, raten Sie mal, wo das Treffen stattfinden wird. Im Endeffekt ist dann keiner so richtig glücklich, weil jeder das Gefühl hat, einen Kompromiss eingegangen zu sein. Denn was passiert hier ei-

4 Wir sind es gewohnt, den »Retter« als Helden wahrzunehmen. Das funktioniert jedoch meist nur in Romanen und Hollywood-Filmen. Im echten Leben tut man sich und anderen wenig Gutes, wenn man zu oft den Retter spielt.

gentlich? Ein »Opfer« macht neun andere Leute im Handumdrehen ebenfalls zu Opfern, auch wenn diese es nicht wahrhaben wollen. Selbst wenn Sie sich irrtümlich für Ihre Selbstlosigkeit loben, weil Sie jemand anderem einen Gefallen gemacht haben, sind Sie deswegen noch lange kein Schöpfer. Ganz im Gegenteil. Sie haben damit weder sich selbst noch sonst jemandem geholfen.

Sie haben lediglich einem Verbraucher dabei geholfen, weiterhin ein Verbraucher zu bleiben!

Und wurden dabei gleichzeitig auch noch ausgesaugt. Gratuliere!

Erkennen Sie also letztlich die ungemeine Macht, die ein Opfervampir über andere besitzt und ausübt? Füttert man diese Macht konsequent weiter, indem man sich ihr unterordnet, unterbindet man damit jede Möglichkeit, dass sich dieser Mensch weiterentwickeln könnte. Er hat schließlich keine Veranlassung dazu!

Sicher haben Sie nun bereits in groben Zügen erkannt, wie wir Energievampire im Außen identifizieren können. Was aber, wenn diese so geschickt operieren, dass man ihnen ohne viel Erfahrung weiterhin auf den Leim geht? Nun, auch kein Problem. Denn Sie brauchen eigentlich gar nicht im Außen zu forschen. In Ihnen selbst zu suchen reicht vollkommen. Anhand Ihrer eigenen Reaktion erkennen Sie nämlich ganz leicht, ob Sie es mit einem Vampir zu tun haben.

Stellen Sie sich einfach folgende Fragen:

- *Habe ich das Gefühl, es einem Menschen nie recht machen zu können?*
- *Versucht ein Mensch, meine Aufmerksamkeit permanent auf sich zu lenken?*
- *Habe ich das Gefühl, auf einen Menschen ständig Rücksicht nehmen zu müssen?*
- *Habe ich das Gefühl, mich einem Menschen gegenüber ständig rechtfertigen zu müssen?*
- *Habe ich Träume oder Wünsche, die ich mich nicht traue, einem bestimmten nahestehenden Menschen zu erzählen?*
- *Habe ich das Gefühl, die Verantwortung für einen Menschen tragen zu müssen, der alleine nicht zurechtkäme? (Kinder selbstverständlich ausgenommen)*
- *Glaube ich, die Verantwortung zu tragen, dass ein Mensch glücklich ist?*
- *Glaube ich, dass mich ein Mensch nicht mehr liebt, wenn ich mich so zeige, wie ich bin?*

Können Sie eine oder mehrere dieser Fragen mit ja beantworten, dann merken Sie schon, dass hier in jedem Fall Handlungsbedarf besteht, denn glücklich machen wird Sie eine solche Beziehung vermutlich nicht. Egal, ob der andere Mensch tatsächlich ein Energievampir ist oder Sie selbst vermeintlich nur zu schwach sind, es herrscht eine energetische Schieflage, die ich dringend auszugleichen empfehle. Daher würde ich Ihnen nun gerne einige Ratschläge anbieten, wie wir Energievampirismus durch unser eigenes Verhalten und unsere eigene Resonanz vermeiden. Beginnen wir gleich mit einem der allerwichtigsten Hinweise:

Richtlinien

Eines der wichtigsten Dinge im Leben ist es, persönliche Richtlinien zu definieren, die das eigene Wertesystem umfassen und in allen Lebenslagen gelten. Diese Richtlinien sind ein wesentlicher Bestandteil des Gesetzes der Resonanz. Ich nenne sie auch gerne die »*AGB*[5] *meiner*

5 Ich bin zwar Musiker, aber ursprünglich auch ein doppeltes Lehrerkind und somit in manchen Belangen ein Nerd. Daher heißt es bei mir übrigens »AGB« und nicht, wie oft fälschlich verwendet, »AGB's«.

Persönlichkeit«. Bildlich gesprochen sollten Sie also jedem Menschen, mit dem Sie interagieren, von Anfang an einen ausgedruckten Zettel mit Ihren AGB vors Gesicht halten, damit dieser weiß, wie er mit Ihnen umgehen soll und was er oder sie von Ihnen erwarten kann. Mehr noch, auch das ganze Universum orientiert sich an Ihren Richtlinien, sofern Sie sie deutlich kommunizieren. Reden Sie zum Beispiel immer wieder davon, was alles nicht funktioniert, werden Ihnen ständig andere Leute begegnen, die sich über etwas beschweren. Haben Sie selbst das Gefühl, dass Ihre Arbeit nicht besonders viel wert ist, wird auch niemand kommen und Ihnen hochpreisige Aufträge geben. Sind Sie ein notorischer Zuspätkommer, signalisieren Sie dem Universum, dass Ihnen Pünktlichkeit nicht wichtig ist und es wird Ihnen hauptsächlich Leute schicken, denen das ebenso wenig wichtig ist. Strahlen Sie daher aus, dass man sich an Ihnen energetisch bedienen kann wie an einer Tankstelle, werden Sie umso mehr Energievampire anziehen.

Im Laufe der Zeit hat sich für mich herausgestellt, dass das Aufstellen und Durchziehen ganz konkreter und vor allem nachvollziehbarer Richtlinien die wichtigste »Verteidigungslinie« im Kampf gegen Energievampire darstellt. Sind Sie also zum Beispiel immun gegen Beschwerden und steigen nicht darauf ein, wird ein Energievampir die Lust verlieren, Sie damit zu belästigen, weil er keine Energie von Ihnen erhält.

So simpel kann es sein. Denn:

SCHLAUER SPRUCH

Sagen Sie dem Universum und Ihrem Umfeld nicht, wie Ihre Regeln aussehen, werden Sie gezwungen, nach deren Regeln zu spielen und geraten so automatisch in die Opferrolle.

Dasselbe kann man auch noch einfacher ausdrücken:

Jede Entscheidung, die ich nicht aktiv treffe, wird von anderen für mich getroffen.

Als Schöpfer hingegen haben Sie die Möglichkeit, nach Ihren eigenen Regeln zu spielen, und andere Leute werden Sie dafür respektieren, vorausgesetzt, es handelt sich wirklich um *Richtlinien* und nicht um *Prinzipien*.

Denn ganz entscheidend ist, dass Sie »Richtlinien« nicht mit »Prinzipien« verwechseln. Die meisten Menschen verknüpfen nämlich ihre Prinzipien mit Emotionen einmal gemachter, meist negativer Erfahrungen, und das trägt vor allem dazu bei, dass man sie nicht ernst nimmt. »Ich traue aus Prinzip keinen Männern« heißt nur, dass sich diese Frau aus verschiedensten Gründen vom anderen Geschlecht oft enttäuscht fühlte und nun daraus ableitet, dass alle Männer grundsätzlich Arschlöcher sind (wofür ich übrigens gelegentlich vollstes Verständnis aufbringe). Eine sinnvolle Richtlinie, die sie im Leben weiterbringen würde, ist das jedoch nicht, wie Sie sich unschwer denken können, denn eine glückliche Beziehung zieht man so jedenfalls nicht an. Selbst wenn Enttäuschungen zum Leben dazugehören und für die Entwicklung wichtig sind, blockiert man sich nur, indem man daran hängenbleibt. Ich weiß, es klingt abgedroschen, aber ich würde trotzdem immer versuchen, negative Erlebnisse als »*Ent-Täuschung*« positiv zu betrachten und mich fragen, was der Weg der Täuschung, die Ursache oder das Muster war, das mich zu dem Erlebnis und letztendlich zu dem Ergebnis geführt hat.

Wenig hilfreich ist es auch, einem Menschen nicht verzeihen zu können, der möglicherweise irgendwann etwas getan hat, womit Sie nicht einverstanden waren. Oft könnte einem dieser Mensch mittlerweile sogar wieder nützlich sein, man versperrt sich jedoch dieser Option durch sein eigenes gekränktes Ego. Ebenso oft beharren Leute auch auf Dingen, mit denen sie glauben, eine eigene, gefühlte »Gerechtigkeit« wiederherzustellen oder hartnäckige Glaubenssätze bestätigen zu können. In meiner Welt ist daher »Prinzipienreiter« durchaus als Schimpfwort zu verstehen, weil es Menschen beschreibt, die unflexibel und nicht bereit sind, neue Überlegungen in ihre Beurteilung einer Situation einzubinden.[6]

Richtlinien wiederum erstellt man bewusst und ohne Emotionen, durch bloßes Nachdenken. Dadurch ist man auch in der Lage, sie jederzeit neu zu bewerten und ständig dem aktuellen Wissensstand entsprechend zu adaptieren.

6 Ich erlaube mir, das zu sagen, weil ich in vielerlei Hinsicht früher genauso war. Speziell in den Anfangszeiten der sozialen Medien bereitete es mir einen Heidenspaß, mein gesamtes Umfeld mit einer Vielzahl (absurder) Prinzipien zu terrorisieren, um anderen meine eigene geistige Überlegenheit, über die ich mich definierte, zu beweisen.

Wenden Sie also je nach Situation unterschiedliche Regeln an und passen Sie Ihre Vorgangsweise spontan an, werden Sie nie in der Lage sein, dem Universum oder anderen Leuten deutlich mitzuteilen, wie sich diese im Umgang mit Ihnen verhalten sollen. Woher sollen sie es auch wissen?

Falls Sie sich jetzt denken, Moment mal, das habe ich doch schon so ähnlich in diesem Buch gelesen, dann haben Sie vollkommen Recht. Denn alles, was Sie in meiner *Schöpfer-Liste* in der rechten Spalte finden, können Sie gerne uneingeschränkt zu den Richtlinien Ihres Lebens machen.

Ein großes Energieleck, das vor allem aufgrund schwammiger Richtlinien entsteht und sich oft unbemerkt in den Alltag einschleicht, ist:

Undeutliche Kommunikation

Denn wenn man selbst nicht genau weiß, was man will oder erwartet, kann man es auch nur schwer präzise ausdrücken.

Dies kann ich anhand des folgenden Beispiels, in dem ich zugegebenermaßen selbst als Vampir mitgewirkt habe, gut verdeutlichen:

Unlängst wünschte sich ein befreundeter Discjockey eine neue Version eines alten Discoklassikers zum Spielen bei seinen Auftritten. In meiner Funktion als Musikproduzent kam ich dieser Bitte gerne nach und produzierte sie in meiner Freizeit. In freudiger Erwartung eines Einsatzes und damit verbundenem Feedback beim nächsten Auftritt meines Freundes schickte ich ihm unaufgefordert die Datei, ohne mich vorher zu vergewissern, ob er technisch überhaupt in der Lage war, diese zu empfangen. Über einen Zeitraum von zwei Tagen wurde ich dann mit den Worten »ich schau dann nach« hingehalten, ohne eine Empfangsbestätigung zu erhalten. Zu diesem Zeitpunkt war ich bereits angesäuert und eines Teils meiner Energie beraubt. Am Tag NACH seinem Auftritt kam dann die lakonische Mitteilung, dass er nicht dazugekommen wäre, und dass die Software, über die ich ihm die Datei geschickt hatte, total out sei, und er sie seit zwei Jahren nicht mehr verwende. Im Endeffekt gipfelte dies in einer längeren Diskussion, wir beide waren genervt und fühlten uns jeweils vom anderen ungerecht behandelt und ausgesaugt.

Was war hier auf energetischer Basis passiert? Mein Freund betrieb zunächst eine klassische Form des Energieklaus, nämlich etwas zuzusagen und dann nicht einzuhalten. Ich rechnete fix mit einem Ereignis, was dann nicht eintrat. Konfrontiert mit diesbezüglichen Vorwürfen benutzte er allerlei Ausreden über technische Details, anstatt bereits anfänglich klarzustellen, welchen Weg er für den Erhalt der Datei präferieren würde. Dieses nachträgliche Abschieben der Verantwortung war bereits ein weiterer Energieraub, gefolgt vom Abwerten eines technischen Produktes, mit dem er sich nie eingehender beschäftigt hatte.

Und dennoch hatte ich nicht das leiseste Recht, ihn dafür anzugreifen. Denn gleichzeitig unterlief mir selbst ein Kardinalfehler, aus dem ich Folgendes gelernt habe:

Ich drückte meine Erwartungen nicht deutlich genug aus. Der korrekte Weg wäre gewesen, klipp und klar zu kommunizieren, dass ich den Song nicht nur aus Spaß produzierte und ihm schickte, sondern mir im Austausch dazu eine konstruktive Beurteilung erwartete. Da ich diese dann aber nicht bekam, war ich in meinen Erwartungen enttäuscht, zwang meinen Freund zu einer Rechtfertigung und betrieb auf diese Weise ebenso Energiediebstahl, um mir die verlorenen Anteile wieder zurückzuholen.

Versuchen Sie also am besten, immer schon am Anfang oder sogar noch besser VOR einer Kommunikation Ihre persönlichen Richtlinien durchzugehen und für sich selbst klar zu definieren, was Sie sich von dieser Situation beziehungsweise dieser Kommunikation erwarten.

Ein möglicher Satz hätte zum Beispiel lauten können: »*Nachdem Du dir unlängst dieses Lied gewünscht hast, habe ich es produziert und würde es dir exklusiv als Erstem schicken, vorausgesetzt, du hilfst mir durch dein Feedback beim Feinschliff. Bitte gib mir Bescheid, in welcher Form ich es dir schicken darf!*«

Ich bin mir sicher, jeder hätte daraufhin entweder zugesagt, das zu machen, oder aus eindeutig vorgebrachten Gründen abgelehnt, und die Fronten wären geklärt gewesen.

Sie sehen hier somit wieder einmal, wie einfach es gehen könnte, wenn man die Dinge ein wenig bewusster angeht! Wollen Sie also solche »Dramen« sowohl bei sich als auch bei anderen in Zukunft vermeiden, merken Sie sich einfach folgende Aussage:

SCHLAUER SPRUCH

Kein Mensch macht jemals etwas umsonst!

Ich verkünde hiermit feierlich, dass diese Erkenntnis mein ganzes Denken verändert hat. Warum, das werden Sie gleich erfahren. Ich weiß, Sie werden jetzt spontan sagen, dass Sie das für ausgemachten Blödsinn halten, doch überlegen Sie mal:

Selbst wenn ein Mensch etwas nicht ausschließlich für sich selbst macht, sondern für jemand anderen, hat er trotzdem hinter jeder Handlung ein eigennütziges Motiv und eine Erwartung in Form eines Energieausgleichs. Das sollte noch nicht bewertet werden, denn dieser Energieaustausch kann sowohl auf schöpferische als auch verbraucherhafte Weise erfolgen, wovon die geläufigste natürlich Geld ist. Aber sehen wir doch nach, was es für weitere Motive gäbe:

Viele Menschen handeln, um sich Anerkennung, Bestätigung und Wertschätzung zu holen oder sich in der Gesellschaft zu positionieren. Oftmals tut man etwas aus purer Angst oder aus Selbstschutz. Man versucht, anderen etwas Gutes zu tun, um selbst geliebt zu werden, oder in der Annahme, dadurch von Bösem verschont zu bleiben (indem man die andere Person »beschwichtigen« will). Das passiert automatisch und intuitiv. Manipulativ hingegen tut man das zum Beispiel, um einen aufgezwungenen Gefallen später wieder einfordern zu können. Der Satz »gestern habe ich dies und das für dich getan, nun mach gefälligst dies und das für mich« ist eine der absolut übelsten Arten, jemand anderen energetisch zu beklauen, wie ich anhand meiner Geschichte vorher erläutert habe.

Nicht zu unterschätzen sind des Weiteren auch »spirituelle« Motive, im positiven Sinne wie Erleuchtung, um geistig aufzusteigen, oder im negativen, meist verheerend, um sich Gottes Wohlwollen erkaufen zu wollen. »Geht's den anderen gut, geht's mir auch gut« ist ebenso wenig altruistisch, denn auch hier erwartet man sich positiven Energiezuwachs, und sei es in Form von Glückshormonen. Selbst »hochspirituelle« Leute, die davon ausgehen, dass jede gute Tat irgendwann in der dreifachen Menge zurückkommt, benutzen dies als Motivation, und das auch vollkommen zu Recht.

Wenn Sie also tief genug graben, werden Sie IMMER ein Motiv mit dazugehöriger Erwartung finden, und dies sollten Sie AUF KEINEN FALL negativ bewerten.

Die meisten Menschen versäumen es lediglich oftmals, diese Erwartung auch deutlich zu kommunizieren, oder sie haben gar keine klare Vorstellung von dem, was sie sich erwarten. Erfüllt sich dieser Austausch dann nicht, beginnt man, die Schuld dafür im Außen zu suchen, anderen Vorwürfe zu machen und sich so die verlorengegangene Energie wieder zurückzuholen. Und da dies immer auf Kosten anderer geht, ist das selbstverständlich lupenreiner Energievampirismus.

Denkt man diesen Gedanken weiter, ergibt sich automatisch die Erkenntnis, dass Altruismus eine Eigenschaft ist, die mit größter Vorsicht genossen werden sollte.

Ich behaupte sogar:

Es gibt keinen echten, reinen Altruismus.

Und das ist auch überhaupt nicht schlimm! Es ist absolut nichts Verwerfliches daran, bei jeder Handlung ein eigennütziges Motiv zu verfolgen. Lediglich die Gesellschaft verbietet uns das, indem sie Eigennutz als etwas Böses brandmarkt, und erzeugt dadurch Schuldgefühle in uns (wie wir wissen, ein besonders großes Energieleck). In Wahrheit kann sich der Mensch nur von innen heraus verändern und entwickeln, daher ist Eigennutz eine wichtige Eigenschaft, die wir unbedingt zulassen sollten. Handle ich stets aus falsch verstandenem Altruismus, werde ich mich nicht weiterentwickeln, da ich mich in meinen Handlungen immer nur am Wohlbefinden eines Anderen, somit also im Außen, orientiere. Einen Menschen würde ich wiederum erst dann als Egoist bezeichnen, wenn sich seine Motive ausschließlich am Verbrauchertum orientieren und somit Energievampirismus darstellen, was Sie anhand meiner *Schöpfer-Liste* ausgezeichnet nachvollziehen können.

Sollte Ihnen daher jemand einen Gefallen tun, dann fragen Sie sich, was sich dieser jemand dafür erwartet. Haben hingegen Sie das Bedürfnis, selbst jemandem einen Gefallen zu tun, dann denken Sie solange darüber nach, bis Sie Ihr Motiv finden, und ich verspreche Ihnen, Sie werden eines finden. Beispiele dafür habe ich hinreichend aufgeführt. Ab diesem Moment wird vieles in Ihrem Leben schlagartig wesentlich klarer und Sie werden beginnen, Richtlinien für sich zu setzen, anstatt sich unsicher durchs Leben zu manövrieren.

Gleichzeitig beginnen Sie auch, weniger Angriffsfläche für Energievampire zu bieten. Denn denken Sie daran:

SCHLAUER SPRUCH

Ein Vampir sucht sich immer das schwächste Opfer.

Haben Sie diffuse Werte, kann man Sie leicht manipulieren. Haben Sie klare Richtlinien, die immer und überall gelten, wird ein Vampir schnell erkennen, dass bei Ihnen nichts zu holen ist. Haben Sie klare Richtlinien, werden Sie sich auch wesentlich leichter tun, nein zu sagen, weil Sie keine Entschuldigungen erfinden müssen, sondern triftige Gründe haben und Ihre Entscheidung somit erklären können.

Und eine dieser Richtlinien sollte sein, sich von Energievampiren nicht manipulieren zu lassen und dies bei Bedarf auch zu kommunizieren!

Die liebe Familie

Wenn für Sie bis hierher alles schlüssig ist, dann werden Sie sich in Zukunft sicher leichter tun, Energievampire zu umgehen. Was sollen wir aber tun, wenn sich die Energievampire nicht umgehen lassen, weil sie sich in einem Umfeld aufhalten, aus dem wir vermeintlich nicht ausbrechen können? Dies trifft in erster Linie auf zwei Systeme zu, die die allergrößten und gefährlichsten Energievampire beherbergen:

Die Arbeit und die Familie, im Speziellen die Eltern.

Ja, Sie haben richtig gelesen. Die Eltern können mitunter überhaupt die mit Abstand größten Energielecks eines Menschen sein, weil unser ganzes Glaubenssystem auf unsere Beziehungen zu unseren Eltern aufgebaut ist. Das heißt, selbst wenn Sie es, gegen alle gesellschaftlichen Konventionen, schaffen, sich aus der Umklammerung Ihrer Eltern zu lösen, oder sie sogar weitgehend Ihrem Leben fernzuhalten, bleiben diese dennoch untrennbar mit Ihnen verbunden; und zwar sowohl energetisch als auch durch Ihre Glaubenssätze, die zu neunzig Prozent aus Ihrer Kindheit und den damals gemachten Erfahrungen herrühren.

Ich kann Sie allerdings beruhigen, Sie müssen die Eltern

nicht sofort als Feinde betrachten, denn, wie Sie ja bereits wissen, gibt es immer zwei Seiten einer Medaille. Während ich selbst in meinem Freundeskreis großartige Eltern sehe, die schon von Anfang an ihre Kinder in jeder Hinsicht unterstützen, zu Schöpfern zu werden, gibt es natürlich auch welche mit hohen Verbraucheranteilen. Und über diese sollte man sich in dem Zusammenhang nähere Gedanken machen. Wie Sie sicher schon gehört haben, stehen nämlich fast alle Themen, die uns im Leben blockieren, mit unseren Eltern in Zusammenhang, und Sie tun gut daran, dies stets im Hinterkopf zu behalten.

Das beginnt damit, dass wir in unserer Kindheit, speziell bis zum sechsten Lebensjahr, in erster Linie negative Erfahrungen und Kritik wie ein trockener Schwamm aufsaugen, denn diese Erfahrungen sind die ersten Informationen, die jedes Lebewesen zum Überleben benötigt. Erst durch negative Erfahrungen lernen wir, wie wir etwas in Zukunft besser machen können, um Kritik oder gar körperliche Übergriffe zu vermeiden und von den Eltern geliebt zu werden. Leider sind dieselben Erfahrungen auch die Grundlage für unsere Glaubenssätze, die sich danach oft unser ganzes weiteres Leben hartnäckig in uns verankern und ein riesiges Energieloch erzeugen.

Die Beziehung zwischen Eltern und Kindern besteht häufig zu einem großen Anteil aus Schuldgefühlen, die aus der ständigen Angst entstehen, den Erwartungen und Anforderungen der Eltern nicht gerecht zu werden. Viele Menschen schaffen es ihr ganzes Leben lang nicht, sich aus diesen Schuldgefühlen zu befreien, und ganz besonders, wenn die Eltern immer älter werden, nehmen diese sogar häufig wieder zu.

Hierzu würde ich Ihnen gerne einen ganz besonderen Tipp geben: Versuchen Sie, Ihre Schuldgefühle, sich von den Eltern zu separieren, möglichst gering zu halten oder loszuwerden, indem Sie verstehen, dass es oftmals auch für die Eltern ein wesentlicher, konstruktiver Schritt nach vorne sein kann, wenn diese sich von den Kindern lösen und wieder ein eigenständigeres Leben führen können. Denn es kommt immer wieder vor, dass Eltern ihr ganzes Leben lang nie aufhören, ihre Kinder tatsächlich auch als »Kinder« zu betrachten und zu behandeln und daher Mühe haben, diese loszulassen, obwohl es ihnen eigentlich guttun würde. Unterstützen Sie daher sowohl sich selbst als auch Ihre Eltern, indem Sie sich schrittweise, aber konsequent, aus der Umklammerung lösen. Akzeptieren Sie es auch, wenn das Ihre Kinder bei Ihnen machen. Beides kostet möglicherweise Überwindung, ist aber so gut wie immer ein wichtiger Teil der Entwicklung für beide. Kinder, die zu lange bemuttert werden, entwickeln zu wenig Fähigkeiten, das Leben selbst in den Griff zu bekommen. Eltern, die übermäßig bemuttern und versuchen, die Kinder weiterhin an sich zu binden, geraten wiederum selbst in eine Abhängigkeit, hören auf, sich zu entwickeln und werden dadurch oft erst recht krank.

Ich gebe Ihnen hier nun mal eine kleine Übersicht über typischen Energieklau durch Eltern mit hohen Verbraucheranteilen:

Solche Eltern …

- *machen die Kinder für eigene Defizite im Leben verantwortlich (besonders beliebt hier: »Wenn du nicht wärst, hätte ich schon dies oder jenes getan und mein Leben wäre viel besser«);*

- *mischen sich in die Berufswahl aufgrund von persönlichen Präferenzen, der Familientradition oder gescheiterter eigener Träume ein (in Wahrheit sind sie zu schwach, um den Kindern ein echtes Vorbild zu sein, denn dann würde sich das Problem erst gar nicht ergeben);*

- *mischen sich in die Partnerwahl ein oder wollen den Partner sogar aktiv verhindern bzw. loswerden (hier gilt dasselbe wie bei der Berufswahl. Schaffen es die Eltern, den Kindern ihre Werte zu vermitteln, werden jene auch ihren Partner nach diesen Werten auswählen);*

- *ignorieren die besonderen Fähigkeiten der Kinder und versuchen, kreative Talente zu unterbinden (Künstler zu sein ist schließlich ein brotloser Job);*

- *sehen ihr Kind als Partnerersatz (insbesondere bei alleinerziehenden Elternteilen);*

- *übertreiben die Fürsorge und den Schutz (man nennt sie auch gerne »Helikopter-Eltern«) und verhindern dadurch manch notwendigen Lernprozess. Auf diese Weise schwächen sie sowohl das Immunsystem (physische Widerstandsfähigkeit) als auch die Resilienz (psychische Widerstandsfähigkeit) der Kinder;*

- *missbrauchen die Kinder als Unterstützung bei Streitigkeiten, im Speziellen bei Scheidungsfällen (verlangen von ihnen, Partei zu ergreifen, oder versuchen, über das Kind zu kommunizieren);*

- *erpressen die Kinder durch Androhung von Enterben bzw. Entzug der finanziellen Unterstützung oder in besonderen Fällen sogar Selbstmord;*

- *zwingen den Kindern unfreiwillig finanzielle Verantwortung auf, indem diese zum Beispiel das Familiengeschäft oder das Haus übernehmen müssen (oft sogar mit Schulden);*

- *entwickeln sich nicht weiter und werden dadurch hilfsbedürftig auf diversen Ebenen;*

- *leiden an chronischen Krankheiten (immer ein Zeichen für massiven, länger anhaltenden Energiemangel);*

Speziell im Alter werden Eltern oftmals zu immer stärkeren Energiesaugern, wenn sie einerseits aufhören, sich zu entwickeln, und andererseits, was eine normale Folge davon ist, krank werden und auf fremde Hilfe angewiesen sind. Denn durch den Stillstand in der Entwicklung entsteht in älteren Menschen ein großes Energieleck (wie ich bereits im Kapitel *Überschüsse* erklärt habe), das auf irgendeine Art und Weise aufgefüllt gehört, und hier nimmt sich ein Energievampir, wie ebenfalls bereits erwähnt, die schwächsten Opfer, und das sind nun mal meistens die Kinder. Schnell werden Schuldgefühle erzeugt, und schon kann man nach Belieben saugen, da sich diese selten wehren können oder sich nicht trauen. Menschen in der Entwicklung haben immer und prinzipiell mehr Energie als Menschen im Stillstand, daher haben unsere Kinder auch grundsätzlich mehr Energie als wir, beziehungsweise wir mehr Energie als unsere Eltern, weil die Jüngeren (normalerweise) mehr in der Entwicklung sind als die Älteren. Unsere Kinder sind also die neuere, modernere Version von uns. Sozusagen ein Update.

Sind Eltern Vampire und saugen ihre Kinder schon in jungen Jahren aus, entwickelt sich in den Kindern ein Überlebensinstinkt. Sie versuchen automatisch, sich ihren Eltern und diesem Energiediebstahl zu entziehen, indem sie die Verbindung immer mehr trennen, und werden zu Protest- und Problemkindern.

Durch den Protest versuchen die Kinder unbewusst, die Eltern zum Handeln und damit zur Entwicklung zu zwingen.

Daraus können wir schließen: Wenn Sie Eltern sehen, deren Kinder komplett im Protest und Widerstand sind, haben Sie es mit Energievampir-Eltern zu tun. Wenn Sie also selbst gewährleisten wollen, dass Ihre eigenen Kinder glücklich, erfolgreich und *in Leichtigkeit* aufwachsen, tun Sie gut daran, Ihre Kinder energetisch in jeder Hinsicht zu unterstützen, anstatt sie auszusaugen. Denn auf eine der größten Gefahren des Energievampirismus möchte ich klar und deutlich hinweisen:

→ ***Energievampirismus funktioniert nie einseitig. Wenn Sie jemandem Energie wegnehmen, geben Sie ihm gleichzeitig woanders etwas von Ihnen zurück. Das ist ein Gesetz.***

Daraus lässt sich schließen:

→ ***Sind es also Ihre Kinder, die Sie aussaugen, erhalten diese im Austausch Ihren emotionalen Ballast, den sie auf ihrem weiteren Lebensweg abarbeiten müssen.***

Da ich selbst Vater einer Tochter bin, die aus einer früheren Beziehung stammt, nicht bei mir wohnt und knapp vor der Pubertät steht, ist es mir natürlich ein riesiges Anliegen, mich hier so unterstützend und schöpferisch wie möglich einzubringen. Daher habe ich ausgiebig recherchiert, wie das andere Paare – sowohl verheiratet als auch getrennt – handhaben, die ich für echte Schöpfer halte und deren

Kinder auch beweisen, dass es funktioniert. Die Erkenntnisse daraus habe ich in den folgenden Vorschlägen verfasst, die Sie hoffentlich ebenso inspirieren wie mich im Umgang mit meiner Tochter. Beachten Sie bitte, dass alle Punkte ebenso gültig sind, wenn Sie alleinerziehend sind oder keinen besonders guten Draht zum anderen Elternteil haben. Dann ist es lediglich eine größere Herausforderung, darf aber keine Ausrede sein. Einen Rosenkrieg vor seinen Kindern auszutragen hinterlässt mit Sicherheit unabsehbare Spuren, die für die Entwicklung nicht gerade förderlich sind. Ich habe diesbezüglich in den letzten Jahren auch viel lernen und aufholen dürfen.[7]

Seien Sie ein Vorbild!

»Kinder machen nicht das, was wir sagen, sondern das, was wir tun.«

Bis zur Pubertät sind Eltern automatisch Vorbilder, das heißt, Ihr Kind schaut Ihnen einfach alles ab, was Sie ihm vorleben. Ab der Pubertät wendet sich das Blatt allerdings. Die Kinder beginnen, sich aus der Abhängigkeit zu lösen

7 Ich bin selbstverständlich kein Kindertherapeut oder habe irgendeine sonstige Ausbildung in dieser Sparte. Die von mir hier dargelegten Vorschläge basieren auf allgemeinen energetischen Richtlinien sowie vielen Beobachtungen und Befragungen und erheben natürlich keinen Anspruch auf Vollständigkeit. Ich bin allerdings überzeugt, dass man mit ihnen weitgehend positive Ergebnisse erzeugt.

und ihre Eltern kritischer zu betrachten, was zur Folge hat, dass Sie nicht mehr automatisch als Vorbild gelten. Von nun an müssen Sie auch wirklich eines sein, wenn Sie von Ihrem Kind als inspirierende Person, der man gerne folgt, wahrgenommen werden wollen. Gelingt Ihnen das in den Augen Ihres Kindes nicht, ist zu befürchten, dass dieses bald zu rebellieren beginnen und möglichst das Gegenteil von dem machen wird, was Sie vorleben. Ist zum Beispiel Ihr Job nur eine »Dreckshacke«, von der Sie täglich frustriert heimkommen, wird es ziemlich sicher nicht am Radar des Kindes erscheinen, dass Arbeit erfüllend sein und glücklich machen kann.

Arbeiten Sie Ihre eigenen Themen auf!

Je weniger emotionale Blockaden Sie selbst mit sich herumtragen und je klarer Sie sind, desto weniger »Gepäck« bürden Sie Ihrem Kind auf. Handeln Sie rational und nicht reaktiv, kann das Kind Sie ernster nehmen und hat das Gefühl, sich auf Sie verlassen zu können. Überprüfen Sie auch, ob nicht »traditionelle« Familienthemen in Form von Mustern von Generation zu Generation weitergegeben wurden, die schon Ihre Eltern oder Großeltern unglücklich gemacht haben, und die wiederum Ihre Kinder ausbaden müssten.

Lehren Sie Richtlinien und Grenzen, aber leben Sie diese selbst auch!

Bringen Sie Ihrem Kind »Denken – Umsetzen« bei! Wenn Sie also lautstark verkünden, dass Sie etwas vorhaben, dann ziehen Sie das auch durch! Konsequenz kann man Kindern nicht beibringen, sondern nur vorleben. Versäumen Sie das, indem Sie Sachen ständig aufschieben oder nach Ausreden suchen, wird Ihr Kind einerseits lernen, Sie nicht ernst zu nehmen, wenn Sie ihm etwas sagen oder beibringen wollen, und andererseits, dass es ohne Konsequenzen bleibt, wenn man lasch und ohne Richtlinien durchs Leben geht.

Kommunizieren Sie Regeln klar, ruhig und rational!

Erklären Sie Ihrem Kind schlüssig, was Ihnen aus welchem Grund wichtig ist, und nicht »weil es so ist« oder »weil ich es sage«. Lassen Sie ihm aber auch seine Freiheiten. Verstößt das Kind gegen die Regeln, reagieren Sie angemessen, aber konsequent im Rahmen Ihrer Richtlinien. Versuchen Sie in diesen Fällen, dem Kind einen Lernprozess zu ermöglichen.

Vater und Mutter müssen eine Einheit darstellen!

Lassen Sie sich nicht gegeneinander ausspielen und untergraben Sie auch nie die Autorität des Partners. Ist Ihr Partner gerade anderer Meinung als Sie und kommuniziert das so dem Kind, besprechen Sie das gesondert und fangen Sie nicht an, vor dem Kind zu streiten. Einigen Sie sich mit dem Partner auf eine gemeinsame Linie - und ziehen Sie diese durch. Kinder sind absolute Meister darin, Eltern gegeneinander auszuspielen. (»Ich habe Papa lieber, weil der verlangt von mir nicht, dass ich mein Zimmer aufräume«; »Ich habe Mama lieber, weil die lässt mich bis 22 Uhr fernsehen, wenn Du nicht daheim bist«).

Bauen Sie Vertrauen auf!

Es gibt NICHTS, über das man nicht sprechen kann oder darf. Bringen Sie Ihrem Kind schon früh bei, dass es bei Ehrlichkeit keine Strafe zu erwarten hat. Ein sehr bekannter österreichischer Künstler hat das einmal so formuliert: »Man kann einem begabten Kind jede Wahrheit zumuten - aber keine Lüge«.

Stehen Sie immer hinter Ihrem Kind!

Speziell wenn ein Kind mal Mist gebaut hat, ist es umso wichtiger, ihm zu vermitteln - und im Ernstfall auch zu beweisen - dass man sich hinter es stellt. Ein Kind braucht die Sicherheit, dass es sich Liebe, Geborgenheit und Rückhalt nicht mit Leistung »erkaufen« muss.

Akzeptieren Sie die natürlichen Trotzphasen!

Das Trotzalter (um ca. drei Jahre) und die Rebellion in der Pubertät gehören zu einer essenziellen und gesunden Identifikations- und Persönlichkeitsbildung und sollten auf gar keinen Fall unterdrückt werden. In beiden Phasen erhalten die Kinder einen besonderen Energieschub, um sich von den Eltern abzunabeln (um ihr eigenständiges Überleben zu gewährleisten), und diese wertvolle Energie sollte man ihnen auch nicht nehmen. Speziell während der Pubertät können Sie beweisen, dass Sie ein Schöpfer sind, indem Sie sich für die Themen Ihres Kindes interessieren und sich bemühen, es bei der Selbstfindung zu unterstützen. Selbst wenn Sie aus der Sicht Ihres Kindes plötzlich uncool oder peinlich sind, sollten Sie das nicht persönlich nehmen und sich lieber mitentwickeln, anstatt dafür die Kinder auszusaugen.

Empowerment durch Zutrauen!

Hat das Kind eine Idee oder ein Vorhaben, reagieren Sie positiv und mit Interesse, ganz egal, für wie sinnlos Sie das Vorhaben Ihrer persönlichen Meinung nach halten. »Ich traue Dir zu, dass Du das schaffst!«, ist einer der wichtigsten Sätze, die man einem Kind sagen kann.

Entwickeln Sie sich weiter!

Erinnern Sie sich daran zurück, wie Sie als Kind alles Neue spannend und toll fanden, während Sie Ihre Eltern oft bremsen wollten, weil diese es anstrengend fanden? Hatten Sie in diesen Momenten Respekt vor ihnen? Ich vermute, Sie waren eher genervt, weil Sie das Energie kostete. Denn wenn einen die eigenen Kinder schon frühzeitig überholen, kann das für beide Seiten frustrierend sein. Ich würde Ihnen daher sehr ans Herz legen, sich zumindest zu bemühen, sich im Einklang mit dem technologischen und gesellschaftlichen Fortschritt Ihres Kindes mitzubewegen. Wenn Sie Ihrem Kind helfen, zu wachsen, anstatt auf seine Hilfe – wie etwa bei Computerwissen – angewiesen zu sein, wird es sich auch leichter tun, Ihre Richtlinien in anderen Lebensbereichen als sinnvoll anzuerkennen.

SCHLAUER SPRUCH

Wenn Sie verhindern wollen, dass Ihre Kinder Sie peinlich finden und in die Rebellion gehen, achten Sie möglichst darauf, dass immer Sie es sind, die oder der dem Kind etwas beibringen kann und nicht umgekehrt!

Das schwarze Loch in der Arbeit

Ich erwähnte ja vorher, dass die Arbeit und die Familie die größten Nährböden für Energiediebstahl darstellen, doch leider ist aber auch noch ein drittes Thema ganz vorne mit dabei, obwohl es das eigentlich gar nicht sein sollte, nämlich die Beziehungen. Auch wenn ich in diesem Buch auf Beziehungen nicht sehr tief eingehen werde, weil das den Rahmen sprengen würde, müssen sie erwähnt werden, denn sie stehen ebenso wie die Familie in unmittelbarer Wechselwirkung zur Ihrer Arbeitssituation. Das bedeutet, dass sich die meisten Leute die Energie, die sie daheim unfreiwillig abgeben, in der Arbeit versuchen, zurückzuholen und umgekehrt. Führe ich eine harmonische Beziehung, werde ich nicht das Bedürfnis haben, Kollegen oder Mitarbeiter auszusaugen. Liebe ich meinen Job, werde ich wiederum nicht auf die Idee kommen, daheim ein Tyrann zu sein.

Wie Sie anhand meiner *Schöpfer-Liste* schon festgestellt haben, steht auf der linken, defizitären Seite die Eigenschaft, sich über seine Tätigkeit zu definieren. Da der Beruf jedoch eine existenzielle Bedeutung für unser ganzes Leben besitzt, tun sich die meisten Leute schwer, diese Dynamik zu durchbrechen. Für viele ist oftmals der Beruf sogar das Einzige, das ihnen noch eine Identifikation verschafft, da ihr Leben in anderen Lebensbereichen alles andere als erfreulich und stabil verläuft. Beliebte Beispiele sind in dieser Hinsicht Männer, die daheim sprichwörtlich unter dem Pantoffel der Frau stehen. Meist haben sie so gut wie keine andere Chance, als dies in der Arbeit zu kompensieren, indem sie sich an Schwächeren wie Portieren, Sekretärinnen, Krankenschwestern oder auch Kollegen und Kolleginnen austoben. Wie Sie leicht beobachten können, steht das auch in keinem Zusammenhang mit dem sozialen Status, ganz im Gegenteil, oft sind es sogar Leute in höhergestellten Positionen wie etwa Ärzte oder Anwälte, bei denen dieses Gefälle noch dramatischer ist.

Auch am Arbeitsplatz gibt es klassische Techniken, die von Profivampiren gnadenlos angewandt werden. Steuert man hier nicht aktiv dagegen, verschlimmert sich die Lage meistens sogar noch und es entsteht eine Art Dominoeffekt, der nie aufhört. Wie kann man diesen also stoppen? Dazu habe ich wieder eines meiner Lieblingswerkzeuge, und zwar, Sie haben‘s sicher schon erraten, eine Liste, angelegt:

Nicht grüßen bzw. den Gegengruß verweigern:

Der andere fragt sich unwillkürlich, ob und was er falsch gemacht haben könnte. Auf diese Weise kann man der Kollegin oder dem Kollegen schon die morgendliche Ankunft in der Firma vermiesen.

Lösungsansatz:
Fragen Sie einen anderen Kollegen, am besten denjenigen, dessen Meinung Ihnen am wichtigsten ist, ob dieser Charakterzug bei dem Nichtgrüßer üblich ist. Stellt sich heraus, dass derjenige das häufig so handhabt, können Sie die Sache getrost ignorieren (was noch lange nicht bedeuten soll, dass es okay ist). Ist es jedoch Vorsatz und offenbar an Sie persönlich gerichtet, dann sprechen Sie die Person direkt an. Fragen Sie, wie es geht, machen Sie eventuell ein Kompliment, beginnen Sie ein freundliches Gespräch und stellen Sie klar, dass Sie Kritik vertragen. Besonders wirkungsvoll ist es, sie oder ihn um Hilfe bei einer Aufgabe oder einem Problem zu bitten. Die meisten Energievampire bringt das aus dem Konzept, da sie es nicht gewohnt sind, sich mit Schöpferanteilen anderer Leute konfrontieren zu müssen, und geben ihren ursprünglichen Vorsatz in dem Moment auf.

Andere anbrüllen oder zu laut werden:

Wohl die simpelste Form des Energieklaus. Der Brüllende versucht, den anderen auf seine aktuelle (niedrige) Schwingung zu bringen, indem er eine Reaktion provoziert.

Lösungsansatz:
Reagieren Sie vorerst nicht (ich weiß, das ist schwer), sondern verlassen Sie, wenn möglich, einfach die Szenerie. Gehen Sie am besten Ihr Gesicht kalt waschen und lassen Sie die Situation abkühlen. Danach ist es allerdings wichtig, die Sache nicht so stehen zu lassen. Auch hier geht es wie im letzten Punkt darum, denjenigen darauf anzusprechen, bevorzugt durch Fragen, die sein logisches Denken beanspruchen oder gar Widersprüche erzeugen. Sollten Sie tatsächlich einen Fehler gemacht haben, fragen Sie die Person, ob sie Ihnen Tipps zur Verbesserung geben könnte (können Sie aber gerne auch, ohne einen Fehler gemacht zu haben). Dadurch bringen Sie sie aus der Emotion in den Verstand (rein technisch verlagert sich damit die Aktivität von der rechten in die linke Gehirnhälfte), und schon nehmen Sie ihr schon den stärksten Wind aus den Segeln.

Destruktive Kritik:

Wer destruktive Kritik übt, ist generell unzufrieden, mag sich selbst nicht, fühlt sich minderwertig oder hat vielleicht nur einen schlechten Tag. Er oder sie hat dadurch einen niedrigen Energielevel und muss saugen. Destruktive Kritik dient, wie auch das Anbrüllen, einzig und allein dem Zweck, den anderen runterzumachen. Damit kann ein Vampir ganz ausgezeichnet seine eigenen Defizite kompensieren, denn viele Leute wissen sich nicht zu wehren.

Lösungsansatz:
In diesem Fall ist es wichtig, das zu erkennen und nicht persönlich zu nehmen, denn es geht hier in Wahrheit nie um Sie. Vermeiden Sie es daher, in einem ersten Impuls mit Sarkasmus oder Gegenangriff zu reagieren. Genau das wäre nämlich im Sinne des Vampirs, denn dann kann er auch noch nachlegen. Lächeln Sie hingegen und wenden einen der folgenden Sätze an, entziehen Sie dem anderen jede Basis für seinen Energieklau: In den meisten Fällen hilft schon »Danke, dass du mir das sagst, ich bin jedoch anderer Meinung«. Der Vampir erhält hier nicht das Kontra, das er erwartet und benötigt, um weiter saugen zu können, und wird schnell das Interesse verlieren.

Sollte sich aber jemand so an seiner Kritik festbeißen, dass all dies nichts nützt, oder aber auch, wenn Sie gleich besonders mutig sind, dann fragen Sie ihn: »Willst du unbedingt, dass ich mich jetzt schlecht fühle?« Spätestens dann muss der Vampir seine Karten auf den Tisch legen und entweder zugeben, dass er es nur darauf abgesehen hat, Sie klein zu machen (was sich die wenigsten trauen), oder er wird kleinlaut zurückrudern, seinen unangebrachten Angriff erkennen und sich im Optimalfall sogar entschuldigen.
Diese Übung hat übrigens noch einen positiven Nebeneffekt: Sitzt Ihre Reaktion auf solche Energieangriffe wie im Schlaf, kommunizieren Sie damit Ihre Richtlinien sehr deutlich und verändern dadurch langfristig Ihre Resonanz. Nach einiger Zeit werden Sie dieses Problem somit gar nicht mehr haben, weil von Ihnen keine Energie mehr zu holen ist und die anderen das spüren.

Neue Ideen schon im Vorhinein untergraben:

Irgendwann traut man sich nicht mehr, Ideen auszusprechen, weil jemand anderer sie als »alten Hut« bezeichnet, als undurchführbar abklassifiziert oder prinzipiell etwas einzuwenden hat, weil die Idee nicht von ihm selbst kommt.

Lösungsansatz:
Erkennen Sie, dass diese Person ein ernsthaftes Problem mit Veränderung hat und lieber in dem Fahrwasser schwimmt, das sie schon kennt. Haben Sie Mitgefühl und ignorieren Sie sie. Freuen Sie sich darüber, zu wissen, dass eine Idee nicht neu sein muss, um zu funktionieren.

Immer wieder auf ein und denselben, vergangenen Fehler hinweisen:

Ein sehr beliebtes Mittel, um einen Angriffskrieg zu führen. Hier tut sich der Vampir besonders leicht, Zustimmung von anderen Vampiren zu erhalten und kann sozusagen doppelt abkassieren.

Lösungsansatz:
In den meisten Fällen sind diese Angriffe nur vorgeschoben, um die eigentlichen Gründe der Antipathie oder des Ärgers zu verschleiern. Fassen Sie Mut und geben Sie dem anderen deutlich zu verstehen, dass Sie das trifft. Sprechen Sie denjenigen freundlich, direkt und vor allem sofort darauf an, was ihn an Ihnen stört, warum er sich immer wieder an demselben Fehler aufhängt und ob er das nötig hat. Für gewöhnlich ist es eine bestimmte Ihrer Eigenschaften, die ihn oder sie triggert, und nicht dieser Fehler an sich. Sollte der andere die Courage haben, das

auszusprechen, verbessert sich dadurch einerseits schlagartig das Verhältnis zu dieser Person, indem sie gezwungen wird, zu reflektieren; gleichzeitig haben Sie die Möglichkeit, auf diese Weise zu reflektieren und eventuell sogar etwas an Ihnen selbst zu ändern. Fehlt dem Gegenüber der Mut, auf Ihre Frage einzugehen, wird er oder sie wahrscheinlich zumindest peinlich berührt sein; beim nächsten Mal wird er es sich zweimal überlegen, ob er sich wieder derselben Lächerlichkeit preisgeben will, indem er sich anhört wie eine kaputte Schallplatte.[8] *Ganz besonders in der Anwesenheit anderer Personen.*

Warten lassen:

Wenig fühlt sich so degradierend an, wie wenn man bei jedem Meeting däumchendrehend auf den anderen warten muss.

Lösungsansatz:
Notorische Zuspätkommer gibt es aus zwei Gründen. Entweder ist derjenige ständig über-

8 Möglicherweise ist manchen das Wort »Schallplatte« nicht mehr geläufig, obwohl die Schallplatte in den letzten Jahren unter dem Begriff »Vinyl« bei Musikfans wieder eine erstaunliche Auferstehung erlebt. Der Ausdruck »kaputte Schallplatte« bezieht sich auf die Unart dieser Tonträger, bei Verschmutzung gerne mal ein und dieselbe Sequenz bis in alle Ewigkeit zu wiederholen.

fordert, oder er versucht unbewusst, durch sein Zuspätkommen Aufmerksamkeit zu erregen. In beiden Fällen sind es seine eigenen Defizite, die Sie nicht persönlich nehmen sollten. Bleiben Sie neutral und erkennen Sie, dass es sich um eine Notwendigkeit des anderen handelt, um an Energie zu gelangen. Lässt jemand allerdings gerade Sie besonders gerne warten, ist dies als direkter Angriff zu verstehen, und Sie sollten sich zumindest die Frage stellen, warum diese Person keinen Respekt vor Ihnen hat, ob Sie etwas tun können, um das zu ändern oder ob Sie den anderen überhaupt brauchen. In allen Fällen können Sie das Thema etwas entschärfen, indem Sie in Zukunft eine Zeitspanne von zumindest zehn Minuten angeben, innerhalb der Sie selbst zu einem Meeting erscheinen. Dadurch fällt automatisch ein Teil der Peinlichkeit weg, wenn einer mal auf den anderen warten muss.

Hochstellen bzw. Loben eines einzelnen Mitarbeiters aus einer Gruppe:

Und die damit verbundene Degradierung anderer. »Seht euch Frau Müller an, sie macht's richtig« (und alle anderen damit unausgesprochen automatisch falsch).

Lösungsansatz:
Versuchen Sie in dem Moment erst gar nicht, sich selbst zu rechtfertigen, sondern machen Sie zwei Dinge: Gehen Sie bewusst nochmal darauf ein, was Frau Müller gut gemacht hat und geben Sie dem Energievampir recht. Versuchen Sie gleichzeitig, das Lob zu verteilen, indem Sie jemand anderen ebenfalls loben, der es ähnlich gut gemacht hat. In diesem Moment haben Sie den Energievampir (in den meisten Fällen vermutlich die Chefin oder der Chef) überrumpelt und den Angriff halbwegs passabel neutralisiert.

Entmutigen:

»Das kann eh nichts werden« ist ein beliebter Satz, mit dem man andere schnell runterziehen kann.

Lösungsansatz:
Akzeptieren Sie das als Horizont der betreffenden Person und ignorieren Sie ihre Meinung. Vermeiden Sie in Zukunft einfach, wenn möglich, neue Ideen vor dieser Person zu präsentieren. Orientieren Sie sich verstärkt an Menschen, die offen und vorwärtsdenkend sind, und die Miesepeter werden irgendwann aus Ihrer Umgebung verschwinden.

Mit Smalltalk zutexten:

Wirkt unheimlich destruktiv, insbesondere, wenn man gerade konzentriert am Werke ist.

Lösungsansatz:
Eines ist klar: Der andere sucht nach Aufmerksamkeit. Versuchen Sie, herauszufinden, was sein eigentliches Motiv dahinter ist und was er oder sie wirklich will. Direkt darauf angesprochen, wird er vermutlich schnell peinlich berührt sein und es entsteht entweder ein spannendes Gespräch oder er versucht sein Glück in Zukunft woanders. Perfekt!

Einmischen und unterbrechen:

Insbesondere, wenn man gerade mitten in einer Erklärung oder Präsentation ist.

Lösungsansatz:
Hier gilt Ähnliches, denn auch hier fehlt es dem anderen an Aufmerksamkeit für sein Ego. Bleiben Sie ruhig, danken Sie ihm für den Einwand, versprechen Sie, diesen danach zu erörtern und fahren Sie unbeirrt fort. Zeigen Sie Respekt, weil das genau das ist, was diesem Menschen abgeht.

Mobbing:

Die höchste Form des Energievampirismus. Mobbing ist insofern ein ganz eigenes Thema, da es hier nicht reicht, die Mobber einfach nur zu verurteilen. Selbstverständlich leiden Leute, die es nötig haben, sich an so etwas zu beteiligen, unter massiven Defiziten in ihrem Selbstwert, die sie nur kompensieren können, indem sie andere runtermachen und sich dabei oft auch noch hinter anderen verstecken. Grundsätzlich gilt: Eine Firma oder Schule, in der Mobbing grassiert, ist in ihrem inneren System krank. Bin ich es jedoch selbst, der gemobbt wird, bleibt es mir aber nicht erspart, auch in mir selbst zu suchen, denn die Frage nach der eigenen Resonanz lässt sich nicht verleugnen. Ein Wechsel des Umfelds kann hier womöglich sogar wirkungslos bleiben, wenn man die Ursache nicht erkennt.

Lösungsansatz:
Bei Mobbing gibt es unzählige Ansätze zur Ursachenforschung, die hier sicherlich den Rahmen sprengen würden. Entscheidend ist meines Erachtens aber, weder die Schuld kategorisch beim Mobber oder den Mobbern zu suchen, noch einfach davonzulaufen, denn beides ist

lediglich Symptombekämpfung. Mir ist jedoch klar, dass zu dieser Ursachenforschung ein sehr hohes Maß an Willen zur Selbstreflexion vorhanden sein muss, welcher den wenigsten Gemobbten eigen ist. Hier gilt es, sich unbedingt Hilfe von außen zu suchen.

Speziell in der Arbeit, wo Sie sich Ihre Kollegen, Mitarbeiter oder Geschäftspartner oft »nicht aussuchen« können (sofern man das Gesetz der Resonanz außer Acht lässt), gilt umso mehr, die diversen Unarten von Energievampiren möglichst nicht persönlich zu nehmen. Wenn mich mal wer ärgern will, helfe ich mir immer wieder über die Runden, indem ich mich an den folgenden Spruch erinnere, und fast immer verraucht mein Groll dann innerhalb weniger Minuten und weicht einem eher mitleidigen Gefühl:

SCHLAUER SPRUCH

Verletzte Menschen verletzen Menschen.

Beziehungen

Wie ich in diesem Kapitel bereits einmal erwähnt habe, ist Energiefluss keine Einbahnstraße, sondern ein Nullsummenspiel. Daher darf und soll es in einer funktionierenden Beziehung auch so sein, dass ein Partner etwaige Schwächen des anderen nicht nur ausgleicht, sondern diese ebenso wie seine Stärken zum Anlass nimmt, um den anderen in seiner Entwicklung und seinem Potenzial zu fördern. Sobald das in bewusster Form geschieht, kann man die Beziehung als schöpferisch bezeichnen.

Meine Beobachtungen haben jedoch ergeben, dass mindestens siebzig Prozent aller Beziehungen nicht aus solchen Motiven (die Sie in der *Schöpfer-Liste* nachlesen können) bestehen, sondern zu einem Großteil aus Vampirismus. Sollten Sie mich allerdings davon überzeugen können, dass ich mit diesem Wert zu hoch liege, dann würde mich das natürlich freuen, denn das hieße, die Menschheit wäre auf einem guten Weg.

In vielen Fällen aber würde ich das Zusammenspiel zweier Menschen überhaupt fast schon mit einer Symbiose vergleichen, wo ein Lebewesen ohne das andere nicht lebensfähig ist und umgekehrt. Erinnern Sie sich an das Dramadreieck, bestehend aus Täter, Opfer und Retter? Jeder dieser drei Charaktere kann nur existieren, indem er mit einem jeweils anderen interagiert. Ein Täter braucht ein Opfer, um auf andere hinabblicken zu können, wodurch er sich gerechtfertigt fühlt. Ein Opfer braucht einen Täter oder einen Retter, um sich unterordnen und in seinem Leid suhlen zu können. Der Retter wiederum wechselt ständig zwischen beiden Rollen.

Fragen Sie sich also ganz ehrlich, inwieweit Sie ohne Ihren Partner oder Ihre Partnerin sinnbildlich »überleben« würden, oder ob Ihr Partner die ein oder andere Funktion erfüllt, mit der Sie Ihre eigenen Defizite ausgleichen. Es ist Ihnen sicher nicht fremd, dass viele Beziehungen nur deswegen »funktionieren«, weil Menschen bequem, finanziell voneinander abhängig oder einfach nicht in der Lage sind, allein zu sein. Fragen Sie sich, ob Sie Ihren Partner wirklich auf allen Ebenen vorbehaltslos unterstützen und damit in einen gemeinsamen Weg investieren. Denn nur dann kann man von einer schöpferischen Beziehung sprechen. Alles andere ist Energiediebstahl, der die Entwicklung wie üblich bremst statt fördert.

Sie werden sich jetzt wahrscheinlich daran erinnern, dass ich noch vor ein paar Seiten die Tatsache rechtfertigte, dass niemand etwas umsonst macht, und könnten daher vermuten, ich würde mit zweierlei Maß messen. Nun, wie ich bereits erwähnte, passiert Energieaustausch zwischen Menschen immer und überall und kann somit sowohl etwas Schöpferisches als auch etwas »Verbraucherisches«

sein. Lassen Sie sich also nicht verunsichern, ich will Sie keineswegs zu falsch verstandenem Altruismus auffordern, indem Sie sich für den anderen aufopfern. Denn gerade in einer Beziehung sollte das Geben und Nehmen von Energie freiwilliger Natur sein und ganz sicher kein »Geschäft« oder sogar ein Konkurrenzkampf, wie man es immer wieder beobachten kann. Und das gelingt nur, wenn Sie so ausreichend mit schöpferischer Energie befüllt sind, dass ein Teil davon von selbst auf den Partner überschwappt. Erst daraus kann überhaupt wachsende Liebe entstehen, die keinen Austausch zurückfordert.

»Wenn du das Geschirr wäscht, bringe ich dafür nachher den Müll raus« oder auch »Ich bezahle die Miete und das Auto, daher verlange ich von dir diese oder jene Gegenleistung« sind typische Beispiele dafür, wie in manchen Beziehungen um jedes Quäntchen Macht und Energie geschachert wird.

Allzu oft kommt es auch vor, dass Beziehungen, die auf der Kippe stehen, gerettet werden sollen, indem man beginnt, an einem Kind zu basteln. Prinzipiell ist das natürlich eine gute Sache, da sich das Paar dadurch gegenseitig weniger aussaugt und automatisch wieder mehr an einem Strang zieht. Ist das Kind danach jedoch der einzige Faktor für den Zusammenhalt, verbessert das die Gesamtsituation meist gar nicht oder nur kurzfristig. Die Zusammengehörigkeits- und Glücksgefühle können hier sehr trügerisch sein, denn ein neugeborenes Kind gibt Energie ab, die sehr rein ist, weil noch unbelastet durch emotionale Themen, Filter und »Firewalls«. Diese Energie wird oft von Eltern dazu benutzt, um vorübergehende Harmonie oder sogar Euphorie zu erzeugen, welche jedoch sehr flüchtig ist, da sie aus einer externen Quelle, also dem Außen, stammt und daher nicht auf Dauer bestehen kann.

Auf Energiediebstahl in Beziehungen näher einzugehen, würde mit Sicherheit eine ganze Reihe an Büchern erfordern. Daher möchte ich hier nur ein konkretes Thema explizit ansprechen, das Sie wahrscheinlich auch noch nicht in dieser Form betrachtet haben:

Eifersucht

Wie Sie schon einer der Listen dieses Kapitels entnommen haben, ist Eifersucht ein ganz massives Vampirismusthema, welches sich lohnt, gesondert betrachtet zu werden:

Wer seinen eigenen Wert nicht spürt, der muss sich die Energie in Form von Anerkennung im Außen abholen. Wer in der Kindheit starke Verlustängste erfahren hat, versucht wiederum, das durch übertriebenes Verlangen nach Sicherheit und Kontrolle zu kompensieren, was ebenso Eifersucht erzeugt.

Solche Aspekte sind aber schon lange kein Geheimnis mehr, und jeder Psychologe kann sie Ihnen um einiges detaillierter erklären. Daher halte ich mich nicht lange damit auf.

Was Sie aber vielleicht noch nicht wussten, ist, dass ein wesentlicher Grund für Eifersucht in mangelnder Eigenentwicklung zu suchen ist. Denn wer sich nicht weiterentwickelt und sich dadurch ständig »wertvoller« macht, erzeugt einen Überschuss in Form von Stillstand und damit ein Energieleck, welches ich bereits im Kapitel »*Überschüsse*« beschrieben habe. Wer sich hingegen ständig interessanter macht, indem er sich entwickelt, wird die Aufmerksamkeit seines eigenen sowie die weiterer, potenzieller Partner auf sich lenken und damit die Freiheit zu verspüren, die beste Wahl für sich treffen zu können. Umgekehrt muss ein Mensch, der keine Wahl hat, sich mit dem Partner zufriedengeben, der sich gerade ergibt und hat daher Angst, sie oder ihn zu verlieren. In diesem Aspekt ist er somit ein Opfer und daher gezwungen, Energie von woanders, in diesem Fall vom Partner, abzuziehen.

Das betrifft, und darauf möchte ich ganz explizit hinweisen, sowohl die geistige als auch die körperliche Entwicklung. Wenn ich etwa aufgehe wie eine Tonne und daraufhin der Partnerin oder dem Partner vorwerfe, mich körperlich nicht mehr so attraktiv zu finden wie früher, ist das definitiv keine Option, die die Lage verbessert. Auch die verzweifelte Ausrede, dass es doch die inneren Werte seien, die zählen, hilft nur, um das eigene Ego zu beruhigen, macht die Sache aber insgesamt nur noch schlimmer. Denn dieser Mensch wird irgendwann spüren, dass er nicht aktiv versucht, die beste Version seiner selbst zu sein – das drückt den Selbstwert und macht einen noch schwächer und unattraktiver. In diesem Augenblick beginnt man, beim Partner zu saugen und wird zum Vampir, was dieser intuitiv merkt und auf Distanz geht oder sogar aggressiv wird. Damit stößt man den Partner richtiggehend ab und löst einen Kreislauf aus, der nicht leicht zu stoppen ist. Relativ bald beginnt dann meistens die Angst um sich zu greifen, dass irgendwo da draußen sozusagen eine »bessere Version« von einem selbst herumlaufen könnte, die den Partner möglicherweise mehr inspiriert, und schon wird man fast automatisch eifersüchtig.

Interessanterweise geschieht das aber oft auch unabhängig davon, wie die temporären »Machtverhältnisse« zwischen den Partnern aussehen. Denn Eifersucht ist in erster Linie ein rein hausgemachtes Problem und hat vorerst noch gar nichts mit dem Partner zu tun; daher kann das in einer Beziehung auch in beide Richtungen auftreten. Sicher haben Sie selbst schon Paare beobachtet, wo beide hochgradig eifersüchtig waren und Angst hatten, den anderen zu verlieren. Für einen Außenstehenden wirkt das oft unverständlich, da er die Ursache dafür nicht kennt, wenn ein Partner dem anderen zwar augenscheinlich überlegen, er oder sie aber dennoch notorisch eifersüchtig ist.

Besonders dramatisch endet es allerdings erst dann, wenn sich ein Partner wirklich überproportional zum anderen entwickelt. Das Wissen, plötzlich alleine dazustehen, weil vieles, mit dem man selbst nicht mehr mithalten kann, für den anderen auf einmal interessanter sein könnte, ist ein sicherer Garant für massive Eifersuchtsausbrüche.

Ich selbst zum Beispiel würde mich grundsätzlich als nicht besonders eifersüchtigen Menschen beschreiben. Wenn ich allerdings meine Laufbahn in Liebesdingen rekapituliere, kann ich ganz klar feststellen, dass sämtliche emotionale Katastrophen dieser Art nur in jenen Momenten stattfanden, in denen ich mich selbst nicht so recht mochte, weil ich das Gefühl hatte, im Leben stillzustehen und keine Energie zu haben. Wäre es damals Vollgas nach vorne gegangen, hätten mich die Situationen und die dazugehörigen Frauen nur einen müden Lacher gekostet. Ich hätte schlicht erst gar nicht die Zeit gehabt, mich hineinzusteigern, weil alles andere wichtiger gewesen wäre. Mal ganz abgesehen davon, dass ich mir durch persönliche Weiterentwicklung den Respekt der Angebeteten zurückgeholt hätte, anstatt mich zum kompletten Trottel und Opfer zu machen. (Diejenigen, die mich kennen, dürfen jetzt gerne lachen. Alle anderen natürlich auch.)

Daher würde ich Ihnen gerne einen ganz persönlichen Tipp gegen Eifersucht geben:

Entwickeln Sie sich ständig weiter und machen Sie sich interessanter für sich selbst, Ihre Umgebung und Ihren Partner. Dadurch haben Sie automatisch mehr Wahl im Leben und steigern gleichzeitig Ihre Gesamtenergie. Ermuntern Sie laufend Ihren Partner, dasselbe zu tun, indem Sie ihn dabei aktiv unterstützen. Gemeinsame Entwicklung im Gleichschritt ist der beste Weg, Langeweile und Frustration in der Beziehung zu verhindern und sich möglicherweise sogar jeden Tag in den Partner neu zu verlieben, weil man Dinge erkennt, die einem vorher noch verborgen geblieben waren. Erst durch das Schließen der Energielecks erzeugen Sie in sich eine Stabilität, mit der Sie Ihren Partner dauerhaft inspirieren und seine Aufmerksamkeit binden können.

Selbstverständlich gibt es noch viele weitere energetische Aspekte hinter der Eifersucht, die hier den Rahmen sprengen würden. Meine Partnerin Margarita ist eine absolute Expertin beim Thema Eifersucht und bietet auf ihrer Webseite *www.eifersuchtaufloesen.online* Informationen dazu sowie mit Hilfe der großartigen »*EFT-Klopftechnik-Methode*« zuverlässige Abhilfe.

Weitere Informationen gibt es auch unter:
www.master-eft.com

Energievampire

AUF DEN PUNKT GEBRACHT

Ein Energievampir braucht die Energie anderer Menschen, um zu überleben. Entziehen Sie ihm die Möglichkeit, bei Ihnen zu saugen, wird er Sie in weiterer Folge weder belästigen noch eine emotionale Reaktion in Ihnen auslösen können.

Verwechseln Sie finanziell oder beruflich erfolgreiche Menschen nicht mit Schöpfern. Oftmals sind es nur Verbraucher, die andere besonders effektiv aussaugen. Wollen Sie wissen, ob ein erfolgreicher Mensch auch tatsächlich ein Schöpfer in unserem Sinne ist, sehen Sie sich einfach seine anderen Lebenssäulen an. Besteht in einem Bereich ein massives Defizit, wissen Sie, dass er vermutlich hier ebenfalls Energie abzapft, um erfolgreich zu sein.

Umgekehrt können Sie jedoch bei längerfristig erfolglosen Menschen mit Sicherheit davon ausgehen, dass diese einen sehr hohen Verbraucheranteil besitzen.

Seien Sie sich bewusst, dass Sie immer die Wahl haben, sich vermehrt mit Menschen zu umgeben, die mit ihrem Bewusstsein im Einklang sind. Allen anderen, die nicht im Einklang mit Ihnen sind, sollten Sie keine übermäßige Aufmerksamkeit schenken, um sich von ihnen nicht einfärben zu lassen.

Oft beschweren sich die Leute, dass sie von anderen Personen ausgesaugt werden. Dabei verstoßen sie in diesen Momenten nur gegen ihre eigenen Richtlinien, und dann wirkt es so, als ob ein anderer Schuld hätte. Sobald man das tut, benötigt man zusätzliche Energie, um seine Richtlinien aufrechtzuerhalten oder wieder herzustellen. In diesem Fall wären Sie also selbst der Energiedieb, der Sie beklaut.

Eifersucht entsteht zu einem großen Teil aus Energielecks, allem voran Stillstand. Fehlende Entwicklung, und daraus resultierend fehlende Energie, erzeugt ein Gefühl von Schwäche, das man versucht, in Form von Eifersucht dem Partner gegenüber zu kompensieren – man wird zum Energievampir.

Die einzige Chance, kurzfristig an der Seite eines Vampirs zu überleben, ist, wenn Sie selbst ein noch größerer Vampir sind. Auf lange Sicht zerstört sich jedoch der größere Vampir, daher empfehle ich das nicht.

Mehr oder weniger sind wir fast alle Vampire. Was sollen wir jetzt also machen? Mein Tipp: Gestehen Sie sich ein, dass es so ist; arbeiten Sie an ihrer Bereitschaft, sich zu verändern und somit die Selbstverantwortung zu übernehmen.

Alle hier erwähnten Techniken und Tipps dienen lediglich zur Überbrückung. Sind Ihre Persönlichkeit, Ihre Richtlinien und Ihr Schöpferanteil stabil, verändert sich auch Ihre Resonanz und Ihnen werden kaum mehr Energievampire über den Weg laufen.

Umgekehrt werden Ihnen alle hier dargestellten Tipps nicht helfen, wenn Sie nicht reflektieren und sich weiterentwickeln. In diesem Fall wird nach der Abwehr eines Energievampirs lediglich der nächste auftauchen und das Spiel beginnt von neuem.

Energievampire

WIE SIE DAS LECK DAUERHAFT SCHLIESSEN

Gehen Sie regelmäßig die *Schöpfer-Liste* durch und Sie bekommen eine Routine, wie Sie Energievampire erkennen.

Beginnen Sie, Ihre eigenen Richtlinien zu definieren und diese möglichst konsequent einzuhalten. Verwechseln Sie Richtlinien nicht mit Prinzipien, da diese auf (meist negativen) Emotionen basieren. Kommunizieren Sie Ihre Richtlinien gegenüber Ihren Mitmenschen klar und deutlich, indem Sie sie vorleben. So geraten Sie weniger in Erklärungsbedarf und sparen dadurch Energie.

Sich über einen Energievampir zu beschweren, kostet Sie selbst Energie. Einen Energievampir können Sie auch nicht durch gutes Zureden oder schnelle Tipps »heilen«. Entziehen Sie ihm hingegen Ihre Energie, wird er sich woanders danach umsehen, und Sie sind das Problem weitgehend los.

Wenn Sie sich weiterentwickeln wollen, dann verbringen Sie Ihre Zeit am besten mit flexiblen, lösungsorientierten, erfolgreichen Menschen.

Investieren Sie möglichst keine Arbeit, Geld oder sonstige Aufmerksamkeit in Leute mit hohen Verbraucheranteilen. Borgen Sie solchen Leuten auch unter keinen Umständen Geld, selbst wenn es sich um gute Freunde handelt. Unterstützen Sie hingegen Menschen, deren Schöpferanteile Sie erkennen, die Sie fördern wollen und wo Sie sich sicher sind, dass Ihre Investition zur Entwicklung beiträgt.

Orten Sie in sich hartnäckige Glaubenssätze, die Sie einfach nicht loswerden, und haben Sie auch keine Technik, um diese aufzulösen, dann starten Sie mit dem simpelsten Programm: Umgeben Sie sich mit Leuten, die diese Glaubenssätze nicht haben. Sie kennen keine solchen Leute? Finden Sie heraus, was diese Leute interessiert und interessieren Sie sich für ähnliche Dinge. Danach werden Sie diese Leute automatisch anziehen. Oder noch simpler ausgedrückt: Glauben Sie, dass Leute, die Sie inspirieren könnten, auf Golfplätzen zu finden sind, dann beginnen Sie, ebenfalls Golf zu spielen!

Hat ein Mensch übergroße Schöpferanteile und gleichzeitig massive Defizite an anderer Stelle, ist eine Investition eine wackelige Sache. Dies kann man besonders gut am Beispiel von Künstlern veranschaulichen, wo sehr oft ein überdurchschnittliches Talent mit katastrophalem Geschäftssinn gepaart ist. In solch einem Fall müssen Sie das durch eigene Stabilität in diesem Bereich kompensieren und demjenigen Führung und Kontrolle geben. Auf gut Deutsch: Haben Sie selbst keine Ahnung von Business, wird die Investition in diesen Künstler scheitern, auch wenn Sie sich mit Kunst hervorragend auskennen.

Wenn ein Vampir durch eine der hier beschriebenen Techniken einen Austausch provoziert und Sie erkennen das rechtzeitig, gilt es, Ruhe zu bewahren und sich keinesfalls ärgern zu lassen oder emotional zu werden. Damit würde er oder sie nämlich sofort die gewünschte Energie von Ihnen bekommen. Sagen Sie sich selbst »da stehe ich drüber« und behalten Sie diesen Zustand so lange wie möglich. Überlegen Sie sich auch, wie Ihnen diese Situation dienen könnte und was Sie daraus lernen könnten. Dadurch bewegt sich Ihr Denken wieder in die linke Gehirnhälfte, was bedeutet, dass Ihr rationaler Verstand übernimmt und Sie nicht mehr emotional reagieren.

Macht Ihnen ein Vampir übertriebene Komplimente, danken Sie ihm dafür und fragen Sie ihn gleichzeitig, was er sich darüber hinaus noch für Sie wünschen würde. In dem Moment, wo er darüber nachdenken muss, beginnt er sogar umgekehrt, Ihnen konstruktive Energie zu übertragen.

Die Erkenntnis, dass ein anderer Mensch ein Energievampir ist, weil er gewisse Aspekte seines Lebens nicht im Griff hat, macht Sie stärker und kann den Energieklau sehr stark einschränken, da Sie nicht mehr so reagieren, wie es derjenige gerne hätte.

Arbeiten Sie an Ihrem Stolz und suchen Sie nicht nach Bestätigung im Außen. Ihre Suche nach Zustimmung macht Sie angreifbar und somit gewähren Sie den Vampiren Ihre Energie. Wenn ein Vampir keinen Menschen an seiner Seite hat, mit dem er sich austauschen kann (er gibt Ihnen Bestätigung im Austausch gegen Ihre Energie) wird er gezwungen sein, sich andere Quellen zu suchen.

Seien Sie sich stets im Klaren darüber, dass Sie mit Ihrer eigenen Resonanz Energievampire anziehen oder abstoßen. Vergessen Sie also nicht, dass der »korrekte« Umgang mit Energievampiren immer nur eine Teillösung und Symptombekämpfung ist. Die hier beschriebenen Techniken sollten daher immer Hand in Hand damit gehen, zu reflektieren und an sich selbst zu arbeiten.

Jeder Mensch hat wunde Punkte, also Knöpfe, die ein Vampir drücken kann, um Sie zu manipulieren. Fragen Sie sich daher: »Wo habe ich Schwächen, die ich mir selbst nicht eingestehen will, die für andere aber klar erkennbar sind und mich so zu einem leichten Opfer für Energiediebstahl machen?«

Und zu guter Letzt noch einmal, weil's so wichtig ist: Je größer Ihre Schöpferanteile sind, desto immuner werden Sie gegen Vampire und desto mehr werden sich diese aus Ihrem Leben verabschieden. Das kann auch schon mal die ältesten Freunde betreffen. Diese loszulassen ist oftmals ein Schritt, der anfangs schmerzt, Ihnen aber letztlich guttun könnte.

2004 während des Formel-1-Wochenendes in meiner zweiten Lieblingsstadt Monte Carlo. Hier ist die Diskrepanz zwischen geistigen und materiellen Werten besonders spürbar. Was man den Leuten dort aber nicht vorwerfen kann: Mangelndes Qualitätsbewusstsein.

5

Das materielle Umfeld

»$E=mc^2$«

ALBERT EINSTEIN

DAS MATERIELLE UMFELD

Ich habe Kollegen, Kolleginnen und Freunde, die in vielen Belangen talentierter sind als ich. Oftmals haben sie Qualitäten, die ich mir für mich selbst wünschen würde. Und trotzdem sind viele von ihnen nicht so erfolgreich, wie sie es sein könnten oder sich sehnlichst erhoffen. Einige davon halten von Spiritualität, Esoterik, Mindset, oder wie auch immer Sie es nennen wollen, rein gar nichts. Sie versuchen, durch pure Anstrengung ans Ziel zu gelangen, was meistens mit frustrierenden Erfahrungen verbunden ist. Andere wiederum erkennen, dass ihr Dilemma in ihrem Kopf beginnt und eilen von Coach zu Coach oder von Seminar zu Seminar. Und trotzdem will einfach nichts greifen. Ich kenne mittlerweile sogar etliche Menschen, die den Jakobsweg bezwungen oder Wochen in thailändischen Klöstern verbracht haben. Die meisten von ihnen berichten über faszinierende Erlebnisse und sogar mystische Erfahrungen, doch in den seltensten Fällen hat sich ihr eigentliches Problem dadurch in Luft aufgelöst. Ganz im Gegenteil. Vieles davon ist reine Symptombekämpfung, was bedeutet, dass die Probleme und Themen immer wieder zurückkehren wie das Amen im Gebet.

Und dennoch gibt es viele, die sichtbare Ergebnisse erzielen, während andere in ihrer Entwicklung stagnieren,

obwohl beide dieselben Coaches oder dieselben Seminare konsultieren. An den Informationen oder den Methoden allein kann es also nicht liegen. Haben Sie das auch schon einmal beobachtet und sich gefragt, wo trotz aller Bemühungen die Gründe für die Stagnation oder wiederkehrende Rückschläge liegen? Warum es die einen schaffen, die anderen hingegen nicht? Warum es manchmal schlichtweg zum Verzweifeln ist, obwohl man doch ohnehin so hart an sich arbeitet? Egal, welcher Ort, welche Methode, welcher Coach - im Augenblick der Erkenntnis und kurz danach ist der Mensch der Meinung, dies wäre der entscheidende Schritt gewesen, um endlich nachhaltige Fortschritte zu erreichen. Und trotzdem ist kurz darauf alles wieder beim Alten. Was können wir aber daraus schließen? Es würde bedeuten, dass eine bloße »spirituelle« Bildung, diverse Techniken, die Entwicklung eines bestimmten Mindsets oder selbst eiserne Disziplin offenbar noch keine zuverlässige Lösung darstellen.
Und genau so ist es!

Selbst wenn Sie die bisherigen Kapitel dieses Buches hundertmal gelesen und auswendig gelernt haben, keinerlei Überschüsse erzeugen, Ihre Freunde sorgfältig auswählen und Energievampiren erfolgreich ausweichen. Dann sind Sie in Ihrem Leben zwar einen großen Schritt weiter, laufen aber Gefahr, die Früchte Ihres Erfolges schnell wieder einzubüßen, wenn Sie nicht einen entscheidenden Faktor mitberücksichtigen:

SCHLAUER SPRUCH

Ihr persönliches UND Ihr materielles Umfeld ist dafür verantwortlich, ob Sie genügend Energie für Ihre Entwicklung zur Verfügung haben oder nicht!

Klar! Dass man den Kontakt mit negativen, *verbraucherischen* Menschen möglichst vermeiden sollte, ist den meisten meiner Leser sicher nicht neu, vor allem nach der Lektüre der vorangegangenen Kapitel. Dass sich diese Behauptung aber auch auf die GEGENSTÄNDE in unserem Umfeld bezieht, wird möglicherweise für einige von Ihnen ein mittlerer Schock sein. Schließlich ist die Aussage »*Energy flows where attention goes*« (Die Energie folgt der Aufmerksamkeit) eine weitläufig akzeptierte Redewendung. »*Geist über Materie*« wird von den meisten, die sich mit dem Thema beschäftigen, als selbstverständliche Wahrheit betrachtet, über die nicht diskutiert werden muss. Nun, dann werde ich Ihr Weltbild mit Vergnügen etwas zum Wanken bringen, indem ich das in Frage stelle. Wenn Sie also der Meinung sind, dass die Materie dem Geist folgt, dann haben Sie natürlich recht, ABER ... umgekehrt ist es genauso.

Die eingefleischten Hobbyquantenphysiker und Philosophen (zu denen ich mich selbst auch zähle) werden natürlich einwenden, dass Materie ohne Bewusstsein gar nicht existiert, und hier gehe ich durchaus konform. Jedoch ist die Materie, auf die ich in dem Kapitel eingehe, die auf uns einwirkt und die wir als »Realität« einstufen, nichts anderes als das Produkt des sogenannten *kollektiven Bewusstseins*;[1] also die Summe des Bewusstseins aller Wesen in unserem Universum, wenn nicht sogar darüber hinaus. Denn eines sollte uns klar sein: Wenn uns das Universum im Laufe der Evolution mit Bewusstsein ausgestattet hat, dann müssen wir davon ausgehen, dass dieses Universum ebenso ein Bewusstsein besitzt. Logischerweise sind wir daher nicht die einzigen, die mit unseren Gedanken die Realität erzeugen und steuern wollen, und somit bedeutet der Satz »Geist über Materie«, aufs Grundlegende reduziert, dass wir uns als Individuum gegen die Übermacht des universellen beziehungsweise *kollektiven Bewusstseins* durchsetzen wollen. Das ist jedoch überhaupt nicht notwendig. Führt man diesen Gedanken nämlich weiter, ergeben sich ungeahnte Vorteile und Chancen daraus. Betrachten Sie diese »fremdgeschaffene« Materie einfach als eine Art Versandkatalog, aus dem Sie sich diejenigen Sachen und Erlebnisse aussuchen können, die gerade Ihrer Resonanz oder Ihren Wünschen entspricht. Das Entscheidende daran ist, wie so oft: Sie haben die Wahl!

---

1 Wenn Sie an dieser Stelle schon ausgestiegen sind: Macht nichts. Denn ein von Niels Bohr geprägter Grundsatz der Quantentheorie lautet: »Wer von der Quantentheorie nicht schockiert ist, hat sie nicht verstanden«. Oder simpel ausgedrückt: Die Quantentheorie ist für den menschlichen Geist nicht zu erfassen. Für unser Buch reicht es jedoch zu wissen, dass der Mond immer noch da ist, wenn Sie nicht hinsehen, weil immer zumindest irgendwer hinsieht und somit seine Existenz gewährleistet.

Letztendlich spielt es aber für das Verständnis dieses Buches keine wesentliche Rolle, ob Sie sich über die Beschaffenheit der Materie in unserem Universum Gedanken machen oder nicht, denn der Kern der Sache bleibt folgender:

Da es Unmengen an Materie gibt, ist diese in ihrer Gesamtheit stärker und mächtiger als unser einzelner, begrenzter Geist. Auch wenn sich durch aktives, geistiges Manifestieren erwiesenermaßen durchaus spektakuläre Ergebnisse erzielen lassen, ist der einfachere und vor allem zuverlässigere Weg, die Kraft der Materie, also des kollektiven Bewusstseins, zu erkennen und für sich arbeiten zu lassen. Wenn Sie also bis jetzt manifestieren oder, wie es so schön heißt, »*beim Universum bestellen*« für mühsam und anstrengend hielten oder gar kläglich scheiterten, dann habe ich eine gute Nachricht für Sie: Das müssen Sie überhaupt nicht! Vertrauen Sie einfach auf die Physik und ihre Gesetze. Denn innerhalb dieser lässt sich das sogar äußerst simpel erklären, dazu komme ich aber später noch. In jedem Fall sollten wir aber diese Erkenntnis für uns nutzen. Denn diese Erkenntnis wird Ihnen zum einen helfen, in Zukunft Fehler zu vermeiden und zum anderen, Ihren Weg zu Glück und Erfolg mit mehr Leichtigkeit zu beschreiten.

Wenn Sie jetzt spontan noch nicht wissen, was Sie mit dieser Information im Alltag anfangen sollen, drücke ich es auch gerne in umgekehrter Form aus: Ein nicht funktionierendes Umfeld wird jede Ihrer Bemühungen, sich zu entwickeln, ebenso wie jede erfolgreiche Manifestation, über kurz oder lang zunichtemachen. Was meine ich damit? Sicher ist Ihnen schon aufgefallen, dass sich zum Beispiel reiche Leute vornehmlich mit anderen reichen Leuten umgeben, um sich unter ihresgleichen zu bewegen und energetisch nicht »runterziehen« zu lassen. Was Ihnen aber möglicherweise neu ist, ist die Tatsache, dass das »Umfeld« nicht nur aus den fünf besten Freunden, der Familie oder den Kollegen und Kolleginnen besteht, sondern auch, um nicht zu sagen VOR ALLEM, aus jeglicher Materie, die uns umgibt. Das ist eine Information, auf die meistens vergessen wird, weil sie wenig geläufig ist oder sogar abgelehnt wird. Wenn ich also in diesem Kontext von Materie spreche, meine ich erster Linie Folgendes:

- ***Wohnung oder Haus***
- ***Einrichtung***
- ***Elektrogeräte***
- ***Ernährung***
- ***Fortbewegungsmittel***
- ***Handy***
- ***Computer und alle Arbeitsgeräte***
- ***Digitale Umgebung***
- ***Sportgeräte und Hobbyausstattung***
- ***Urlaubsreisen***

Um Ihnen das im Detail näherzubringen, kehren wir am besten wieder zurück zu meinen zahlreichen Bekannten, bei denen ich diese These jahrelang verifizieren konnte. Das schließt mich übrigens selbst mit ein. Einige von ihnen sind vielleicht nicht so übermäßig talentiert, dafür aber höchst spirituell, belesen oder sogar beides, so dass ich jedes Mal nur staunen kann, was sie für tolle Informationen in sich tragen. Auch hier könnte man sich denken, wer so viel über die unterschiedlichsten Themen des Lebens weiß, müsste doch in der Lage sein, diese Informationen auch gewinnbringend umzusetzen. Doch sie haben es sicher selbst schon entdeckt, oft ist nämlich wieder genau das Gegenteil der Fall. Denn oft unterliegt man diesem alles entscheidenden, fatalen Irrtum:

Man glaubt, die geistige Entwicklung alleine sei ausschlaggebend und vernachlässigt alles Materielle. Man schlägt sich mit Dingen von minderer Qualität herum oder ignoriert sie, akzeptiert Unordnung in seiner Wohnung oder distanziert sich zu wenig von Leuten, die einem Energie rauben. Kurzum: Man trennt Geistiges und Materielles, konzentriert sich nur auf Ersteres und schafft es daher nie, beide Säulen miteinander in Einklang zu bringen. Schlimmer noch, in vielen Gesellschaftsschichten ist es sogar regelrecht verpönt oder ein Widerspruch in sich, bei geistiger Entwicklung gleichzeitig reich sein zu wollen. Was für ein absurder Gedanke und definitiv nicht das, was ich Ihnen hier vermitteln will.

Und so passiert dann das, was ich vielerorts beobachte: Das materielle Umfeld der entsprechenden Personen ist hier und dort minderwertig und sabotiert die Weiterentwicklung. Zerbrochene Spiegel, nicht funktionierende Elektrogeräte, abblätternder Lack auf Fenstern und Möbel, verbeulte Autos, kaputte Fußböden und ähnliches wird mit den Worten

»mich stört das nicht, es gibt Wichtigeres« abgetan, ohne zu wissen, was man sich mit diesen Zuständen eigentlich antut.

Auf physikalischer Ebene lassen sich die Hintergründe dieser Vorgänge gut dokumentieren und erklären gleichzeitig, warum man das nicht ignorieren sollte:

Sicher haben Sie schon davon gehört, dass jeder Mensch eine *Aura*, also ein für das Auge unsichtbares Energiefeld, um sich herum trägt. Diese Aura ist zu einem Großteil dafür verantwortlich, dass Sie sich in der Anwesenheit gewisser Menschen wohl fühlen, in der Anwesenheit anderer hingegen nicht. Seit Ewigkeiten hat es immer schon Menschen gegeben, die die Fähigkeit hatten, Auren zu sehen, seit 1937 ist es allerdings auch möglich, diese zu fotografieren und für alle sichtbar zu machen, was unter dem Namen *»Kirlian-Fotografie«* bekannt ist. Mit Hilfe dieser Technik kann man die exakten Strukturen des Energiefeldes, das einen Menschen umgibt, optisch analysieren. Hat ein Mensch nun eine schwere Verletzung oder Krankheit, lässt sich das auf den ersten Blick an den entsprechenden Stellen in Form einer Verfärbung oder Deformation des Feldes erkennen. Selbst grundsätzliche Charaktereigenschaften und spontane Emotionen können auf diese Weise abgebildet werden. Sollten Sie das noch nie gesehen haben, finden Sie dazu Beispiele im Bonusmaterial dieses Buches unter *www.aufdiefresse.at/bonusmaterial.*

Wenn man nun diese Gedanken um die Erkenntnis erweitert, dass Gegenstände ebenfalls ein eigenständiges Energiefeld, also eine Aura, aufweisen, dann ergibt sich daraus, dass diese ebenfalls eine Wirkung auf uns haben.

Auch diese Feldstruktur lässt sich mittlerweile leicht abbilden, wenngleich sie bei weitem nicht so stark ausgeprägt ist wie die des Menschen. Vorhanden ist sie aber dennoch und kann daher ebenso beschädigt wie deformiert werden. Wenn Sie sich das Ganze in etwa so wie in dem Film »*Matrix*«, übrigens einem meiner absoluten Lieblingsfilme, vorstellen wollen, dann liegen Sie definitiv nicht ganz daneben.

Sie sehen also, auch hier handelt es sich längst nicht mehr um esoterischen Hokuspokus, sondern um seit Generationen bewiesene Fakten. Wenn Sie sich einfach einmal im Kreis drehen, wie würden Sie die Energiestrukturen in Ihrem Blickfeld einschätzen? Erblicken Sie überall einwandfreie, sanfte Feldstrukturen oder sinngemäß eher Ecken, Kanten und Löcher? Denn sollte dies der Fall sein, dann wissen Sie, dass hier ein Verbesserungspotenzial vorliegt, welches sich auf alle Aspekte Ihres Lebens positiv auswirken kann.

Im Übrigen war ich Zeit meines Lebens selbst äußerst resistent gegen Informationen und Ratschläge dieser Art. Ordnung halten und auf Dinge achtgeben war etwas für Langweiler, was vermutlich einer dezenten Rebellion gegen meine Eltern geschuldet war und sicher einige meiner Leser ebenso gut kennen. Aber solange es im Leben halbwegs läuft, gibt es auch selten einen Grund, daran etwas zu ändern. Und so war ich vor allem in meinen erfolgreichen Musikproduzententagen weit davon entfernt, diese Lebensphilosophie loszulassen. Besonders gut konnte man das anhand meines damaligen Fortbewegungsmittels, eines Porsches, erkennen.

Obwohl ich ein Mensch bin, der grundsätzlich nichts gegen Geld und Luxus hat, behandelte ich diesen Wagen nicht mit dem gebührenden Respekt. Eingeparkt wurde prinzipiell »auf Anschlag«, das Verdeck regelmäßig erst nach dem Beginn eines Wolkenbruchs geschlossen und manchmal auch die »Motorhaube« (die beim Porsche übrigens ein Kofferraum ist) für andere Aktivitäten zweckentfremdet, auf die ich jetzt nicht näher eingehen will. Ergebnis: Nach drei Jahren sah der Porsche aus wie nach Dreharbeiten zu mehreren *Fast & Furious*- oder *James-Bond*-Filmen. Mich störte das jedoch nicht, sondern propagierte es als Teil meiner Persönlichkeit, auf Materielles nicht so viel Wert zu legen und war sogar stolz auf den Porsche mit der unverwechselbaren »Biedermann-Note«. Auf diesbezügliche Kritik reagierte ich unwirsch und mit deutlicher Verachtung, frei nach dem Motto »nur Spießer oder Angeber messen ihrem fahrbaren Untersatz zu viel Bedeutung bei«.

Ja, so war ich wirklich, ob Sie es glauben oder nicht. Ehrlich gesagt, wenn ich heute darüber nachdenke, könnte ich richtiggehend in Grund und Boden versinken. Denn im Endeffekt setzte ich damit beim Universum die Richtlinie, dass es mir nicht wichtig sei, schöne Dinge zu schätzen und auch schön zu halten. Daher kam, was kommen musste, und das Universum nahm mir diese schönen Dinge auch wieder weg. Die Gleichung im Sinne des Gesetzes der Resonanz ist simpel: Wenn ich ein schönes Auto nicht schätze, brauche ich auch keines. Damit wir uns aber nicht falsch verstehen: Die übertriebene Fürsorge erklärter Autofreaks um ihre Vehikel, die oftmals die Aufmerksamkeit für ihren Körper oder ihre menschlichen Beziehungen übersteigt, ist selbstverständlich ebenso kontraproduktiv, da hiermit ein klassischer Überschuss erzeugt wird. Denn wie ich in diesem Buch schon mehrfach erläutert habe, ist das A und O im Leben, jede Aktivität und jede Lebenssäule möglichst gleichwertig in höchstmöglicher Qualität zu entwickeln.

Wie will ich aber ein Leben in höchster Qualität anziehen, wenn ich bei den Gegenständen in meiner Umgebung keinen Wert auf Qualität lege oder sogar die Qualität der Dinge selbst mit Füßen trete? Wenn ich keinen Wert auf Ordnung lege, werde ich nur Chaos ernten. Erkennen Sie die Analogie? Wenn ich mich also jeden Abend durch einen Hindernis-Parkour, bestehend aus Umzugskisten, Schmutzwäsche, Pizzakartons und benutztem Geschirr kämpfen muss, um mein quietschendes Bett oder meine abgewetzte Couch zu erreichen, wenn ich mich nur von Leuten umgebe, die mir auf die Nerven gehen und mich Kraft kosten, wird kein Coach, kein Kloster und kein Jakobsweg den Hauch einer Chance haben, irgendetwas langfristig zu verändern.

Denn jede, egal wie große, Veränderung im Innen wird quasi augenblicklich durch die nicht vorhandene Änderung im Außen gekillt. Ändert sich die Materie nicht, ist der Geist einfach zu schwach, um im Alleingang etwas Konstruktives auszurichten. Es macht also nicht den geringsten Sinn, intensiv an seinem Geist zu arbeiten, wenn man nicht vorher oder parallel dazu für ein gesundes materielles Umfeld sorgt.

Ein Teil dieses materiellen Umfelds ist übrigens auch Ihr Körper, bevor Sie das ganz vergessen. Deswegen ist es nicht nur »gesundheitlich«, sondern auch energetisch so extrem wichtig, diesen zu schätzen und in Schwung zu halten. Das »in Schwung halten« können Sie sogar wörtlich nehmen, denn je mehr Sie auf ihn achten, desto *höherschwingend* (siehe Begriffserklärungen im Bonusmaterial) und somit leistungs- und widerstandsfähiger wird er.

Sicher kennen Sie den Spruch *»Ein gesunder Geist in einem gesunden Körper«* (lat. »mens sana in corpore sano«). Falls Sie diesen noch nie im Detail hinterfragt haben, dämmert Ihnen jetzt hoffentlich, wie treffend er in jeder Hinsicht ist. Auch damit wird die Wichtigkeit der Wechselwirkung zwischen Geist und Materie eindrucksvoll definiert. Mehr noch, bilden doch Körper und Geist sogar ein untrennbares, einheitliches Informations- und Energiesystem.

In der Auflistung der Beispiele für das materielle Umfeld wird Ihnen wahrscheinlich der Punkt »digitale Umgebung« nicht entgangen sein und Sie fragen sich sicher schon, was genau ich damit ausdrücken will und wie das in den Rahmen dieses Kapitels passt. Nun, wir haben ja bereits angeschnitten, dass jedes Ereignis und jedes Teilchen Materie im Universum ein eigenes Energiefeld ausstrahlt, das Träger von Informationen ist. Diese Informationen sind es letztendlich, die auf uns wirken, und zwar unabhängig davon, ob sie in einem Gegenstand oder einem für uns Menschen nicht definierbaren Feld gespeichert sind. Daher können auch digitale Daten enormen Einfluss auf unser Wohlbefinden und unsere Entwicklung ausüben. Haben Sie nicht auch den ein oder anderen Ordner auf Ihrer Festplatte, den Sie höchst ungern öffnen, weil sich darin ein Sammelsurium an Dateien befindet, bei denen man sich gar nicht mal mehr erinnern kann, wofür die eigentlich nützlich waren? Oder wo Sie einfach alles hineinschieben, womit Sie sich gerade nicht beschäftigen wollen und dann nie wieder ansehen? Ich bekomme fast schon einen mittleren Horror, wenn ich das bei mir entdecke. Daher bin ich mir sicher, jeder Leser, der von Zeit zu Zeit seine Festplatte aufräumt oder neu organisiert, alte Mails und Downloads löscht, wird mir zustimmen, dass man sich danach immer erleichtert fühlt und sich mit neuem Elan an den Computer setzt. Ein ebenso starker Aspekt ist die Frage, ob Sie auch hier mit aktuellen Technologien arbeiten. Hat Ihr Betriebssystem schon mehrere Jahre am Buckel? Nutzen Sie raubkopierte Software, die die Hälfte der aktuellen Features nicht mehr beherrscht und gleichzeitig wiederum verhindert, dass Sie ein aktuelles Betriebssystem oder aktuelle Hardware verwenden? All dies sind Bremsen und Energielecks, die Sie nicht unterschätzen sollten. Daher kann ich nur empfehlen, auch auf dieser Ebene ein ausgeprägtes Qualitätsbewusstsein zu entwickeln.

Falls Sie jetzt der Meinung sein sollten, ich hätte im Laufe dieses Kapitels ein wenig übertrieben und die Auswirkungen überspitzt dargestellt, dann akzeptiere ich das natürlich. Vielleicht war sogar ein wenig Absicht dahinter. Denn jetzt habe ich wenigstens Ihre Aufmerksamkeit. Selbst wenn Sie also bis jetzt gut ohne einen Stapel Pizzakartons in Ihrer Wohnung ausgekommen sind, die

Dynamik bleibt immer die gleiche. Lediglich das Ausmaß des Effektes variiert. Mal wirkt das Umfeld stärker, mal schwächer. Aber es wirkt. Immer und überall! Somit ist es außerordentlich hilfreich, sich ein für alle Mal Folgendes zu merken:

⊖ *Auf den Menschen wirkt alles ein, was ihn umgibt! Raum, Licht, Strahlung, Elektrizität, Gebrauchsgegenstände, Gebäude, Bücher, Musik, Filme, Theaterstücke und selbstverständlich jedes Lebewesen, somit also auch Ihr Haustier. Denn alles besitzt Informations- und Energiefelder und steht in ständiger Wechselwirkung mit den Feldstrukturen des Menschen.*

Wenn also Ihre besten Freunde oder Freundinnen übergewichtig sind, werden Sie selbst nie abnehmen. Sind Ihre Freunde größtenteils Pleitegeier, werden Sie nie Millionär, und umgeben Sie sich hauptsächlich mit Nörglern, werden Sie sich nie nach vorne entwickeln. Haben Sie das einmal erkannt, dann sind Sie, wie gesagt, für den Anfang schon mal richtig gut dabei. Umso mehr ist es mir daher auch noch ein Anliegen, Ihre dahingehende Aufmerksamkeit auch auf alles Nichtlebendige zu lenken, weil ich selbst getestet und festgestellt habe, wieviel Potenzial hier noch verborgen ist.

Für die meisten Menschen ist das natürlich noch eine neue Erkenntnis, deswegen werfen wir doch mal einen

Blick auf ein paar Alltagsbeispiele, um die Zusammenhänge zu verdeutlichen:

Ein Freund erzählt mir seit längerem von seinen gescheiterten Versuchen, im Online-Marketing Fuß zu fassen. Da ich mich selbst auch seit geraumer Zeit damit beschäftige, weiß ich, dass man das nicht von heute auf morgen lernt, sondern es eine ausgesprochene Ausdauer und Konsequenz erfordert. Und diese Konsequenz übt man am besten in seiner gewohnten Umgebung, wie zum Beispiel in Form von täglichen Routinen, wo es theoretisch am einfachsten wäre. Sollte man meinen. Doch sogar hier fühlen sich viele Leute schon überfordert, woraus man dann meistens schließen kann, dass ähnliche Bemühungen auch auf beruflicher Ebene direkt proportional, sprich ebenso wenig, funktionieren werden. Als ich das erste Mal in der Wohnung dieses Freundes war, entdeckte ich im Badezimmer ein Handtuch, das seitlich des Waschbeckens über ein Regal gespannt war, wie wenn es dort zum Trocknen hängen würde. Anfangs wunderte ich mich darüber noch nicht, doch schnell wurde mir die Funktion an dieser Stelle klar. Der Wasserhahn sonderte nicht, wie üblich, das Wasser konsequent vertikal ab, sondern auch in hohem Maße horizontal. Mit dem Handtuch konnten immerhin größere Überschwemmungen im Regal und dem Rest des Raumes abgewendet werden. Das Ganze beobachtete ich vor ein paar Monaten. Letzte Woche war ich wieder dort. Raten Sie mal, wo immer noch ein Handtuch hängt.

Wieder ein anderer Freund – und er ist wahrscheinlich nicht der einzige – läuft seit Wochen mit einem zerbrochenen Handydisplay herum. Nicht nur, dass diese Tatsache durch das deformierte Energiefeld schon per se negativ auf den Betrachter wirkt, ärgert er sich auch noch jedes Mal, wenn er sein Handy benutzt oder gar nur ansieht. Und das macht er sicher mehrere hundert Mal pro Tag.

Kommt Ihnen nun langsam die Erkenntnis, was hier mit Ihnen passiert? Sie geraten ständig in Momente, wo in Ihnen negative Gedanken aufkommen. Ihr Fokus richtet sich auf Dinge, die nicht funktionieren. Der entsprechende Gegenstand wirkt daher sogar doppelt negativ auf Sie, einmal direkt und einmal über Ihre Gedanken. Wie soll also der Rest Ihres Lebens einwandfrei laufen, wenn Sie sich hundert Mal am Tag ärgern und mit dieser Energie interagieren? Ich würde sagen, das ist schon rein physikalisch ausgeschlossen und auch logisch relativ leicht nachvollziehbar. Ein weiterer Aspekt, der mir selbst erst seit kürzerer Zeit auffällt, seitdem ich diesbezüglich meine Wahrnehmung geschärft habe: Ich sehe die Leute plötzlich mit ganz neuen Augen. Jemand, der zu einem Businessmeeting mit offensichtlich schon länger zerbrochenem Handydisplay, zerfransten Visitenkarten oder ungeputzten Schuhen auftaucht, signalisiert gleichzeitig, dass er es allgemein nicht sehr ernst nimmt mit Qualität, Konsequenz und Umsetzungsvermögen. Wenn ich selbst zum Beispiel in solch einer Situation entdecke, dass meine letzten Visitenkarten nur noch in verbeulter Form aus der Geldbörse purzeln, dann verzichte ich seit neuestem lieber gänzlich darauf, sie auszuhändigen, denn damit richte ich mehr Schaden an als ohne Karten. Nutzen Sie hier lieber die elektronische Form des Datenaustauschs, immer vorausgesetzt, Ihr Telefon ist in ordnungsgemäßem Zustand. Man könnte jetzt natürlich annehmen, dass das, was man an einem Menschen wahrnimmt, die Visitenkarte seines Qualitätsbewusstseins darstellt. Das ist allerdings nur für die Schwächen desjenigen repräsentativ. Viele verfahren nämlich nach dem Motto »außen hui, innen pfui« und versuchen, diese Schwächen zu verstecken. Um einen Menschen qualitätstechnisch wirklich beurteilen zu können, ist es somit notwendig, genauer hinter die Fassade, die sich mancher höchst aufwendig aufbaut, zu blicken. Erst dort offenbart sich, ob jemand bei Dingen, die keiner sieht, ebenso wählerisch ist wie bei seinem Auftreten nach außen.

Aus meiner eigenen Erfahrung, und zwar, weil ich früher ganz genau so war, weiß ich also, dass es noch nicht im Bewusstsein vieler Leute verankert ist, dass sich Qualitätsdenken schon in scheinbar unbedeutenden Kleinigkeiten äußert. Daher ist in diesem Zusammenhang der Spruch »Ich habe mich schon so daran gewöhnt, mir fällt das gar nicht mehr auf« zwar beliebt, aber in erster Linie ein Zeichen dafür, dass man sich allgemein mit geringer Qualität umgibt und diesen Zustand bereits zu seiner Komfortzone gemacht hat. Darauf angesprochen, argumentieren dann viele Leute auch: »Ich spüre so etwas nicht, wie kann es dann wirken?«

Ja, wie kann das wirken? Schauen wir doch gleich nochmal in Richtung Physik und sehen nach, wer von Ihnen in der Schule aufgepasst hat. Sind wir uns einig, dass Energie und Materie, vereinfacht gesagt, ein und dasselbe sind, lediglich in unterschiedlichen Zuständen? Wem das komplett fremd ist, möge bitte Albert Einsteins berühmte Gleichung »$E = mc^2$« in der Suchmaschine seines Vertrauens nachschlagen. Auf Deutsch und auf unser Thema bezogen heißt das weitergedacht einfach nur, dass jede Energie (in Form von »*Geist*«) auf die Materie wirkt, wie auch umgekehrt. Und genau dieses Wörtchen »*umgekehrt*« übersehen und ignorieren viele, die sich mit den Grundlagen der Spiritualität beschäftigen, wundern sich aber gleichzeitig, warum sich ihr Mindset nicht in den Erfolgen spiegelt, die sie sich erhoffen.

Nicht funktionierende Dinge oder solche, die keine Freude bereiten, erzeugen einen Aufwand, der schlicht und einfach Energie kostet, die einem dann wiederum an anderer, meist wichtigerer Stelle, abgeht. Sie sind ein klassisches Energieleck und sollten nicht unterschätzt werden. Stellen Sie sich doch einfach einmal vor, in Ihrem Umfeld würde alles reibungslos und zu Ihrer Zufriedenheit laufen. Wie würden Sie sich dabei fühlen? Ich bin mir sicher, bei dem Gedanken überkommt Sie eine wohlige Wärme und Geborgenheit, die Ihnen Kraft geben würde. Sollte dem nicht so sein, sind Sie irgendwo im Protest gegen die Welt und somit nicht in Ihrem Fluss. Das wiederum wäre ein gewaltiger Überschuss, der verhindert, dass Sie auf allen Ebenen glücklich sind.

Sie können also in der Zukunft davon ausgehen, dass jegliche Materie in Ihrer Umgebung mit Ihnen wechselwirkt. Ob Sie behaupten, das nicht zu spüren, ist irrelevant. Ich denke aber, sogar die hartgesottensten Zweifler sind einverstanden, wenn ich behaupte, dass man sich zwischen Ordnung, ästhetischen Dingen und qualitativ hochwertigen, funktionierenden Elektrogeräten wohler fühlt als zwischen Unordnung, Dreck und Omas altem Röhrenfernseher, der im Stundenrhythmus einen Klaps auf die Seite benötigt. Dass man sich jeden Tag freut, in ein neues, sauberes Auto einzusteigen anstatt in ein altes, klappriges. Selbst wenn Sie all dies möglicherweise für esoterischen Humbug halten, aber in Ihrem Wohnraum schon das ein oder andere Mal Tipps des sogenannten »Feng Shui« befolgten, dann machen Sie unbewusst genau das, was ich Ihnen hier rate. Sie versuchen, Ihr Umfeld materiell so perfekt wie möglich anzupassen, um die größtmögliche Energie daraus zu schöpfen.

Ich weiß, das waren bis jetzt sehr viele Informationen und Tipps, was Sie in Ihrem Leben vermeiden könnten und was ich Ihnen empfehlen würde. Vielleicht tun Sie sich leichter, das alles in Ihren Alltag zu integrieren, wenn Sie sich das sogenannte »*Salzgurkengesetz*«, merken, das ich für unglaublich passend halte und daher sehr mag:

SCHLAUER SPRUCH

Steckt man eine normale Gurke in ein Glas voller Salzgurken, wird sie nach kurzer Zeit ebenfalls zur Salzgurke.

Ist die Nachricht angekommen? Egal, womit Sie sich umgeben, egal, für wie stark Sie sich halten, das Umfeld wird auf Sie abfärben, woraus immer es auch besteht. Man wird immer zu dem, mit dem man sich umgibt. Menschen wie Materie. Positiv wie negativ.

Aber, um Missverständnissen vorzubeugen, sei Ihnen gesagt:

All das soll nicht bedeuten, dass ich Ihnen von jetzt an rate, plötzlich nur noch im Außen zu schauen und das Innere zu vernachlässigen. Ganz im Gegenteil. Ich will Sie mit diesem Buch zu hundert Prozent in Ihren Bemühungen unterstützen, Ihren Geist so mächtig wie möglich zu entwickeln, um der Schöpfer oder die Schöpferin Ihres Schicksals zu werden.

Ich möchte Sie allerdings auch darauf aufmerksam machen, dass es ausgesprochen unvorteilhaft wäre, auf die immense positive Wirkung von Gegenständen in Ihrer Umgebung zu verzichten oder, noch fataler, eine potenzielle negative Wirkung zu ignorieren.

»Das tangiert mich alles nicht, das mache ich mit meinem Mindset oder meinem Geist« höre ich in diesem Zusammenhang immer wieder, was aufgrund der »spirituellen Erziehung« der letzten hundert Jahre durchaus nachvollziehbar ist. Andere wiederum, die sich noch nie mit dem Grundsatz *Geist über Materie* beschäftigt haben, verfahren nach dem Motto »was ich nicht spüre, existiert auch nicht«.

Tatsache ist aber, dass das menschliche Bewusstsein zwar viel kann, aber bei weitem nicht stark genug ist, um einen von heute auf morgen reich, erfolgreich oder gesund zu machen. Deswegen ist es essentiell, die Materie, die uns umgibt, zu Hilfe zu nehmen. Wenn Sie sich besonders erfolgreiche Menschen anschauen, werden Sie schnell erkennen, dass diese das, bewusst oder unbewusst, auch schon längst so praktizieren. Sie werden keinen langfristig erfolgreichen und gesunden *Schöpfer* finden, der nicht auf höchstmögliche Qualität auf allen Lebensebenen Wert legt.

Wer sich übrigens gerne ausmalen würde, wie sich »echtes« *Geist über Materie* anfühlen könnte, dem empfehle ich Luc Bessons Film »*Lucy*« mit Scarlett Johansson und Morgan Freeman in den Hauptrollen. Hier wird ein durchaus anschauliches und, meiner Meinung nach, nachvollziehbares, sehr fernes Zukunftsbild der Menschheit skizziert, in dem Telepathie und Telekinese ganz alltägliche Fähigkeiten sein werden.

Solange wir Menschen aber nicht in der Lage sind, mehr als die landläufig überlieferten fünf bis zehn Prozent unserer Gehirnkapazität auch wirklich bewusst zu nutzen, ist es unbestritten, dass unsere schöpferische Kraft nicht ausreicht, um durch bloßes Denken einen Flugzeugträger zu erschaffen, zu einer Katze zu werden, über den Mount Everest zu springen oder Blei in Gold zu verwandeln.

Wären wir hingegen tatsächlich in der Lage, dies zu tun, dann bräuchten wir ab sofort auch keine Medizin und Ärzte mehr, da wir uns ohne fremde Hilfe in kürzester Zeit ohnehin selbst heilen könnten. Man könnte es in dem Zusammenhang so interpretieren, dass die Schulmedizin hier der materielle Anteil ist, der unseren Geist unterstützt. Mir ist natürlich bewusst, dass vermutlich viele Leserinnen und

Leser dieses Buches ein gespaltenes Verhältnis zur Schulmedizin haben werden, doch lassen wir es der Einfachheit mal so stehen, dass es sowohl Argumente dafür als auch dagegen gibt. Das wird auch noch länger so bleiben, und daher halte ich es in der ewigen Diskussion zum Thema Schul- gegen Alternativmedizin für schlichtweg gefährlich, einen der beiden extremen Standpunkte zu vertreten. Erst die gezielte Kombination aus beidem geleitet uns auf einen Weg, auf dem wir uns wirklich heilen und entwickeln können. Mein Vorschlag wäre also, die Schulmedizin nicht in einem vorübergehenden »Esoterikwahn« zu verdammen (was ich allzu oft erlebe und früher selbst auch praktizierte), sondern sie im Rahmen einer energetischen Sicht auf die Dinge als jene materielle Kraft zu sehen, die Sie unterstützend und zielbringend einsetzen können. Mit anderen Worten: Wenn's wehtut, gehen Sie zum Arzt, lassen Sie sich helfen und seien Sie dankbar dafür. Belassen Sie es aber nicht dabei, sondern seien Sie sich im Klaren darüber, dass ein Arzt immer nur die Symptome bekämpft, nie aber die Ursache. Das müssen Sie schon selbst tun! Und das können Sie schon zu einem Teil, indem Sie alleine nur darauf achten, dass sich Ihr Außen in Harmonie zu Ihrem Innen befindet. Indem Sie darauf achten, dass Ihr Job, Ihre Mitmenschen, Ihre Beziehung und Ihre Besitztümer Ihren wahren Wünschen und Vorstellungen entsprechen. Glücklich und zufrieden zu sein hält gesund, aber das brauche ich Ihnen sicher nicht zu erklären.

Wenn Sie sich also noch einmal umblicken, achten Sie diesmal besonders darauf: Was kommt Ihnen unter?

Materie, wohin das Auge reicht. Natürlich, Geist ist *höherschwingend*, und dadurch mächtiger, jedoch sind wir üblicherweise alleine und daher in unserer Kraft begrenzt. Materie hingegen ist zwar *niedrigerschwingend*, dafür aber in fast unbegrenzter Menge verfügbar. Ich muss hier immer wieder an einen dummen Spruch aus meinen Jugendtagen denken, den wir oft und gerne benutzten und der lautete: *»Stark sind wir nicht, aber viele!«*

(Zur Erinnerung, meine Definition der Wörter *»hochschwingend«* und *»niedrigschwingend«* können Sie bei den Begriffserklärungen im Bonusmaterial nachlesen, welches Sie unter *www.aufdiefresse.at/bonusmaterial* downloaden können.)

Im heutigen Zusammenhang bekommt dieser Spruch allerdings durchaus wieder Sinn: Materie ist nicht stark, aber viel. Also lassen wir sie uns doch auch benutzen!

SCHLAUER SPRUCH

Durch die Wahl unseres Umfeldes schaffen wir es leichter, etwas zu verändern. Wir sind das Produkt unserer Umwelt.

Machen Sie doch einfach mal den Selbsttest:

Haben Sie Freunde, die erfolgreich sind oder solche, die ständig nur meckern?

Wie sieht Ihr Zuhause aus? Funktioniert alles, oder ärgert Sie jeden Tag die Unordnung, die herumliegenden Pizzakartons, der schwache Staubsauger, der uralte Backofen oder die kaputte Fliese im Vorzimmer?

Fahren Sie ein solides Auto oder einen Schrotthaufen, der es gerade noch bis in die Nachbarorte schafft?

Tragen Sie Socken vom Ramschladen um fünfzig Cent, die zwei Monate halten, oder hochwertige um fünfzehn Euro, die dafür drei Jahre halten?

Besitzen Sie fünfzig T-Shirts von einer der unzähligen Billigketten oder fünf von Markenqualität? (Diskussionen über die Qualität von Markenware lasse ich jetzt außen vor.)

Wie behandeln Sie diese Gegenstände? Achten Sie darauf, dass diese stets sauber und gepflegt sind?

Versuchen Sie, sich *hochschwingend* und gesund zu ernähren, oder kennt Sie das Verkaufspersonal beim Fast Food Drive-In oder im Dönerladen schon beim Vornamen?

Ich denke, Sie wissen, worauf ich hinauswill.

All das sind Dinge, die für Sie arbeiten, sei es im Positiven oder im Negativen. Hohe Qualität in Ihrer Umgebung erzeugt automatisch hohe Qualität in Ihnen, dazu brauchen Sie nichts tun, außer diese Richtlinie zu befolgen. Für alles Weitere sorgt das Gesetz der Resonanz. Umgekehrt gilt: Besteht Ihre Umgebung vorwiegend aus Mangel, werden Sie selbst nie das erreichen, was Sie befriedigt, denn der Mangel wird sie ständig und überall begleiten.

➔ *Das Einzige, was Sie hier wirklich aktiv tun müssen, ist zu wählen.*

Sie benötigen also keine komplizierten, anstrengenden Techniken oder müssen von heute auf morgen Ihr komplettes Denken umstellen, um aus dem Mangel in die Fülle zu kommen, wie es manche Bücher suggerieren. Diese Techniken können Sie gerne in weiterer Folge anwenden, wenn Sie wollen, als erster Schritt ist es jedoch vollkommen ausreichend, zu wählen. Sobald Sie Qualität auswählen, wird auch Qualität zurückkommen. Sobald Sie wählen, »negative« Dinge oder Personen aus Ihrem Umfeld zu entfernen, wird auch weniger »Negatives« zu Ihnen zurückkommen. Das ist ein Gesetz! Vergessen Sie in diesem Zusammenhang aber nicht, dass Negatives je nach Blickwinkel und Person auch positiv wahrgenommen werden kann, daher bitte ich Sie, diese Wörter immer mit Vorsicht zu genießen und in jeder Situation neu zu bewerten. Sie müssen lediglich erkennen, was auf Sie persönlich negativ WIRKT und was nicht. Und dafür lesen Sie schließlich dieses Buch. Dabei will ich Ihnen helfen.

Haben Sie das Konzept mit der Qualität nun verstanden, kommen wir zum nächsten, sehr wichtigen Punkt, der mit Sicherheit für ein mehr oder minder starkes Veto in Ihnen sorgen wird. Denn Qualität allein ist nur die halbe Lösung. Diese Qualität muss nämlich auch noch zeitgemäß sein. Ich glaube Ihnen sehr gerne, dass Großmuttis Möbel eine Qualität besitzen, die bis heute unerreicht ist, im Speziellen, wenn Sie sich vorwiegend in schwedischen Möbelhäusern herumtreiben. Ich glaube Ihnen auch gerne, dass Ihnen mindestens zehn weitere Dinge einfallen, die Ihrer

Meinung nach früher besser waren. Und dennoch ist das eine rein subjektive Einschätzung, die Ihnen mehr schadet als weiterhilft.

Ein Freund von mir beschwerte sich zum Beispiel kürzlich über die Tastatur der neuen Notebooks einer bekannten Marke aus Kalifornien, welche seiner Meinung nach ein völlig neues Schreibgefühl vermittelt, das einen Rückschritt darstellt. Aus diesem Grund weigerte er sich bis dato, auf das neue Modell zu wechseln. Ich selbst schreibe diesen Text gerade mit einem Fabrikat dieser Marke, und ja, über die Tastatur kann man tatsächlich streiten, aber was nützt mir die alte, liebgewonnene Tastatur, wenn ich in absehbarer Zeit ohnehin umsteigen muss, weil die rasant voranschreitenden Technologiesprünge an Soft- und Hardware das Arbeiten mit einem veralteten Notebook über kurz oder lang unmöglich oder zumindest unlustig machen? Selbstverständlich ist der Umstieg auf neue Technik anfänglich immer mit dem Verlassen der Komfortzone verbunden, das gebe ich zu. Doch um sich zu entwickeln, kommt man nicht darum herum, die Komfortzone regelmäßig zu verlassen. Ich erinnere daran, was es jedes Mal für einen Aufschrei gibt, wenn Facebook sein Design ändert. Doch sind wir uns mal ehrlich: Nach wenigen Wochen können wir uns nicht einmal mehr daran erinnern, wie es vorher ausgesehen hat. Ebenso wie ich mittlerweile auf der »alten« Tastatur tippe wie ein Anfänger, weil ich mich schon längst an die neue gewöhnt habe und diese für mich nun die Komfortzone darstellt.

All das mag für Sie jetzt vielleicht ein wenig absurd klingen, weil Sie aktuelle Technik noch nie so am Schirm hatten oder sich sogar über sogenannte »Tech-Nerds« lustig machen, die immer das neueste Gadget haben müssen. Sie denken sich möglicherweise: »Wieso will mir ein Ratgeberautor erklären, wann und warum ich mir einen neuen Laptop kaufen soll? Ernsthaft jetzt?« Bevor Sie aber vorschnell urteilen, will ich klarstellen, dass Sie selbstverständlich NICHT nächtens auf der Straße kampieren müssen, um das neueste iPhone oder die neueste Playstation zu ergattern. Ich will Ihnen lediglich mitgeben, dass ich es für eine gute Idee halte, sich laufend über aktuelle Technik und aktuelle Entwicklungen zu informieren und sein Umfeld dahingehend regelmäßig zu adaptieren.[2]

Bewegen Sie sich auf einem technischen Standard, der längst nicht mehr zeitgemäß ist, wird der Sprung zu einer ganz neuen Technologie, die Sie irgendwann gezwungen sein werden zu benutzen, zu einer Herausforderung, die Sie überfordert.

Entwickeln Sie sich jedoch ständig in kleinen Schritten mit der aktuellen Technologie mit, dann werden Sie auch in Zukunft jede weitere technische Herausforderung mit Leichtigkeit meistern!

2 Sollten Sie selbst kein »*Early Adopter*« sein, also einer derjenigen, der bei neuen Freizeittechnologien immer der allererste ist, dann brauchen Sie kein schlechtes Gewissen haben, denn das ist tendenziell eine Eigenschaft von *Verbrauchern*. Ein *Schöpfer* informiert sich rechtzeitig und schlägt zu, wenn das Produkt ausgereift und etabliert ist, aber nicht, weil er es unbedingt haben muss, um »dazuzugehören«.

Anders ausgedrückt: Statte ich eine Person, die bis jetzt mit einem Aufklapphandy ausgekommen ist (ja, solche gibt's tatsächlich noch), plötzlich mit einem brandneuen Smartphone aus, wird sie vermutlich die nächsten paar Wochen selten erreichbar und der Verzweiflung nahe sein. Die Fülle der neuen Informationen, die man in kürzester Zeit verarbeiten müsste, wäre viel zu hoch, um diese Herausforderung stressfrei bewältigen zu können. Daher kapitulieren viele, sobald sie den technischen Anschluss verloren haben, weil sie argumentieren, es »nicht zu brauchen« oder den Rückstand in diesem Leben ohnehin nicht mehr aufholen zu können. »Ich bin zu alt dafür« (alternativ: »Ich bin zu alt für den Scheiß!«) ist ein verheerender und vor allem vollkommen unnötiger Glaubenssatz, den man meiner Meinung nach nicht einmal als Scherz in den Mund nehmen sollte. Würde sich diese Person nämlich gelegentlich an den neuesten technologischen Innovationen orientieren, wäre der Umstieg auf eine neue Plattform eine leichte Übung, was wiederum meine Tochter und die meisten Kinder heutzutage eindrucksvoll beweisen.

Simpel gesagt, wenn Sie aufhören, sich für Neues zu interessieren, hören Sie automatisch auf, sich zu entwickeln und werden ebenso automatisch zum Opfer, weil Sie in vielen Dingen auf fremde Hilfe und Informationen angewiesen sind. Gleichzeitig beschleunigen Sie in diesem Moment Ihren Alterungsprozess um ein Vielfaches. Wenn Sie also möglichst lang »jung bleiben« wollen, dann interessieren Sie sich doch auch für »junge« Dinge! Nirgends steht geschrieben, dass man im Alter von fünfzig, sechzig oder siebzig Jahren nicht mehr aktuelle Musik hören, über die neueste Netflix-Serie diskutieren oder auf Tiktok posten darf. Die Informationen darüber, wie etwas funktioniert, sind im Netz allgegenwärtig. Ausreden gibt es somit keine. Man muss sich einfach nur entschließen, irgendwann damit zu beginnen. Am besten jetzt!

Denn eines können Sie mit Sicherheit annehmen:

SCHLAUER SPRUCH

Fortschritt ist nicht aufzuhalten!

Das bedeutet also, Sie haben die freie Entscheidung:

Akzeptieren Sie den Fluss der Dinge, oder gehen Sie in Widerstand dazu?

Raten Sie mal, welche der beiden Optionen das Leben leichter macht.

Der vielstrapazierte Spruch, im »Jetzt« zu leben, bedeutet also nicht nur, sein Denken auf den Moment zu konzentrieren. Denn wie wir nun gehört haben, sollte auch das materielle Umfeld im »Jetzt« sein.

Wer zum Beispiel stolz darauf ist, immer noch mit einem zehn Jahre alten Handy herumzurennen, weil's doch so schön klein ist und »ohnehin noch funktioniert«, tut sich nichts Gutes. Ganz im Gegenteil: Er erklärt sogar öffentlich, dass er im Widerstand zur Entwicklung und zum »Jetzt« steht. Und das ist wirklich alles andere als etwas, worauf man stolz sein könnte. Ein ebenso gebräuchlicher

Denkfehler ist der Standpunkt »Ich kaufe mir erst etwas Neues, wenn das Alte eingeht«. In beiden dieser Fälle landet man im Endeffekt bei folgenden Auswirkungen:

→ ***1. Wenn ich etwas abstoße, das noch funktioniert, habe ich in diesem Moment noch eine Wahl. Ist das Gerät bereits kaputt, habe ich keine Wahl mehr und bin somit ein Opfer!***

→ ***2. Man selbst ist erst bereit, etwas oder sich zu ändern, wenn man dazu gezwungen wird.***

Das klingt gerade richtig ungemütlich, ich weiß, und viele Leser werden sich von dieser Aussage vermutlich angegriffen fühlen. Aber auch hier sage ich wieder, behalten Sie diese Sätze in Ihrem Hinterkopf und testen Sie den Wahrheitsgehalt einfach selbst.

Ich prognostiziere Ihnen allerdings, dass Sie sich in diesem Moment, der mit Sicherheit einmal kommen wird, wo eines Ihrer alten Geräte den Geist aufgibt, vermutlich eher wie ein Opfer als ein Schöpfer fühlen werden. Je länger man es also verabsäumt, eine Wahl zu treffen, solange man noch die Möglichkeit dazu hat, desto größer wird der energetische Stau, der einen dann bedroht. Meistens bricht dann der sinnbildliche »Damm« auch noch im ungünstigsten Moment, wie zum Beispiel die alte Waschmaschine, die nicht nur ihren Dienst quittiert, wenn man gerade kein Budget für eine neue eingeplant hat, sondern dies als

Draufgabe auch noch genau an einem Samstag nach der Rückkehr aus dem Urlaub macht.

Lässt man nämlich nicht freiwillig los, wird man irgendwann dazu gezwungen, und das passiert ausnahmslos über negative Umstände, von kleinen Unannehmlichkeiten bis hin zu Krankheiten, Unfällen oder Abstrichen in anderen Lebensbereichen. An alten Dingen festzuhalten bedeutet, dass man sich meist auch woanders schwertut, loszulassen, wie auch generell Veränderung zuzulassen. Ich kann Sie aber wieder etwas aufmuntern. All das brauchen Sie nicht als Frontalangriff auf Ihre Persönlichkeit werten, denn sogar ich selbst, der ganz genau weiß, wie es eigentlich gehören würde, muss mich immer noch manchmal richtiggehend überwinden, etwas wegzuwerfen. Eigentlich kenne ich, abgesehen von meiner Partnerin Margarita, so gut wie niemanden, der wirklich so konsequent und gnadenlos loslassen kann, wie es energetisch empfehlenswert wäre. Es handelt sich also um eine Übung, die definitiv nicht von heute auf morgen zur Perfektion gebracht werden kann, da hier viel zu viele Emotionen mitspielen, die man schließlich nicht in kürzester Zeit einfach wegwischen kann.

Wie sich das in der Praxis abspielen könnte, möchte ich wieder in Form einer »lustigen« Geschichte aus meinem Leben dokumentieren, denn vermutlich haben Sie während des Lesens dieses Kapitels bis jetzt ohnehin nicht viel gelacht. Das macht aber nichts, denn ich stelle mich immer gerne zur Erheiterung zur Verfügung, vor allem, wenn Sie daraus lernen können.

Vor nicht allzu langer Zeit besaßen wir zwei Autos, ein schmuckes kleines für die täglichen Wege in der Stadt, und einen alten, verbeulten Chrysler Voyager, vor allem für Service- und Transportzwecke für unser Tourismusgeschäft gedacht. Irgendwann war jedoch absehbar, dass die notwendigen Investitionen in den Chrysler den Zeitwert des Wagens bei weitem übersteigen würden, und es Zeit wurde, tschüss zu sagen. Ab dieser Entscheidung hätte ich den Wagen eigentlich zügig abstoßen sollen, um meinen Qualitätskriterien treu zu bleiben, was mir nebenbei vielleicht noch den einen oder anderen Hunderter beim Ausschlachter gebracht hätte. Doch auf der einen Seite war ich zu wenig entschlussfreudig, auf der anderen Seite hoffte ich, einige noch ausstehende Aufgaben damit erledigen zu können, um quasi »Geld zu sparen«. Was für eine Fehlentscheidung.

Relativ bald nach diesem Moment bekam der Auspuff einen kleinen Riss und unser Voyager konnte plötzlich klangmäßig problemlos mit der hiesigen Tuningszene mithalten. Ich war zwar etwas genervt, verstand aber das Zeichen nicht. Zwei Wochen später, nach einer kurzen Periode der Nichtbenutzung, wollte ich den Wagen starten, doch die Batterie war leer. Und was macht man, wenn man das Fahrzeug ohnehin nur noch zwei Monate fahren will? Man kauft selbstverständlich KEINE neue Batterie, sondern investiert zwölf Euro in Starterkabel. Das heißt, mittlerweile kam zum Racing-Sound auch noch die ständige Unsicherheit dazu, ob ich überhaupt vom Fleck komme. Scheißegal, Herr Schwerverbraucher fährt weiter.

Nun stieg ich aber endgültig in den Boxring. In der einen Ecke der Herr Biedermann, schon etwas angeschlagen, in der anderen Ecke das Universum, topfit und voll motiviert, mir zu zeigen, wo's lang geht. Gleich in der nächsten Runde musste ich einen schweren Treffer einstecken und wurde angezählt, indem mir durch einen weiteren, unvorhergesehenen Defekt die Servolenkung genommen wurde. Und das bei einem Van, falls sich jemand ungefähr vorstellen kann, was das heißt. Ab diesem Zeitpunkt wurde jede weitere Fahrt also zu einer Mischung aus Qual und Herausforderung. Nun gut. Nur noch eine Woche bis zur Deadline. Somit: Herausforderung angenommen. Ein letzter Transport noch, selbstverständlich am allerletzten Tag, dann ist Schluss!

Wenn Sie jetzt aber hoffen, ich hätte die Message zu diesem Zeitpunkt mittlerweile schon verstanden, dann haben Sie mir eindeutig zu viel zugetraut. Denn der K.O.-Schlag war noch fällig. Ich lud also das letzte Gut ein, welches jemals den Innenraum meines geliebten Voyagers sehen würde, in diesem Fall eine Vespa ähnlichen Alters und Zustands, und machte mich auf den Weg zu seinem Bestimmungsort, parkte dort gleich elegant auf dem Gehsteig und begann auszuladen. Frohen Mutes wollte ich nun, bepackt mit allen Fahrzeugpapieren, bei der Versicherung vorbeifahren und den Wagen abmelden.

Doch … tadaa … game over. Nichts ging mehr. Starterkabeleinsatz: Auch Fehlanzeige.

Ich war so konsterniert, dass ich in diesem Moment auch gleich die dümmstmögliche Entscheidung traf: Kennzeichen abmontieren und ab zur Versicherung! Und bevor Sie sich jetzt wundern, JA, ich hatte tatsächlich einen zu verschrottenden Wagen ohne Kennzeichen mitten in der Stadt auf einem Gehsteig geparkt. Und wissen Sie, was das Motiv dahinter war, trotzdem zur Versicherung zu fahren? Richtig. UM GELD ZU SPAREN! Absurder geht's wohl nicht mehr! Die Strafe folgte aber ohnehin schnell auf den Fuß, denn, um das Ganze noch zu toppen, konnte der von mir bestellte Abschleppdienst den Wagen nicht entfernen, weil in der Zwischenzeit die Polizei den von mir im Wagen hinterlegten Schlüssel konfiszierte und meine Situation nochmals zur Katastrophe potenzierte.

Ich erspare Ihnen, lieber Leser, liebe Leserin, hier eine weitere detaillierte Beschreibung meines darauffolgenden Leidensweges, aber das Endergebnis will ich Ihnen nicht vorenthalten:

Knapp vierhundert Euro Strafen und Kosten, nur weil ich mich weigerte, die Richtlinien, über die ich in diesem Buch schreibe, einzuhalten und, was fast noch schlimmer ist, mir dessen sogar noch vollkommen bewusst war. Denn wenn Sie dieses Buch bis hierher aufmerksam gelesen haben, wird Ihnen sicher aufgefallen sein, dass ich, abgesehen von der Missachtung meiner Qualitätskriterien, auch noch einen ganzen Haufen Überschüsse bildete. Allen voran kann man hier *Geiz* und *Stillstand* erwähnen. Stillstand erzeugte ich vor allem, weil ich mich weigerte, Altes loszulassen und in die Entwicklung zu gehen. Etwas auf Biegen und Brechen »*against all odds*«, wie es auf Englisch so schön heißt, also gegen alle Widerstände, durchziehen zu wollen, ist übrigens ebenfalls ein enormer Überschuss, den ich bis dato noch gar nicht erwähnte. Sie können diesen aber, wenn Sie wollen, gleich Ihrer gedanklichen Liste der Überschüsse hinzufügen. Denn darauf werde ich in meinem zukünftigen Buch *»Denken in Energien – Die geistigen Gesetze des 21. Jahrhunderts«* noch genauer eingehen.

Zu den Überschüssen in meiner Geschichte kommt allerdings noch ein weiterer Umstand, den ich Ihnen bisher ebenfalls vorenthalten habe. Nämlich die Tatsache, **zwei** nicht funktionierende Objekte, wie in diesem Fall das Auto und die Vespa, zu kombinieren, was die zerstörerische Energie quasi auch noch verdoppelte. Dies werde ich gleich noch im Detail erklären.

Wenn Sie jetzt also herzhaft über mich gelacht haben, dann kann ich das verstehen, kann aber nur inständig hoffen, dass Sie im Gegensatz zu mir die einzelnen Hinweise schneller verstehen und nicht erst den Umweg über eine schlechte Erfahrung gehen müssen.

Natürlich werden jetzt auch viele Leser aufschreien und einwenden, sie könnten sich gerade kein neues Handy, Auto oder Notebook leisten. Das macht zunächst aber gar nichts. Denn Qualitätsbewusstsein hat grundsätzlich mal noch nichts mit Ihren finanziellen Mitteln zu tun. Es orientiert sich lediglich daran. Das bedeutet, dass Sie sich immer überlegen sollten, welche Qualität im Rahmen Ihres aktuellen Kontostands die beste Wahl darstellt. Beginnen Sie das Aufwerten einfach beim schwächsten Glied der Kette oder bei dem, was am billigsten ist und Ihnen somit am leichtesten fällt. Vermutlich haben Sie nämlich noch ganz andere Sachen, die weitaus älter sind und Ihnen auch noch weitaus weniger Freude bereiten als Ihr Handy. Gehen Sie doch einfach mal aufmerksam durch Ihre Wohnung und überprüfen Sie Ihren gesamten Bestand an Elektrogeräten, Möbeln und Kleidung. Ich bin mir sicher, Sie werden, sofern Sie nicht mehrfacher Millionär sind, den einen oder anderen Gegenstand finden, den Sie schon längst nicht mehr so gut finden und daher auch schon längst nicht mehr benutzen. Denn oftmals ist es auch völlig ausreichend, ein Gerät gar nicht zu ersetzen, sondern einfach nur zu entfernen. Und das kostet in den meisten Fällen … Trommelwirbel: GAR NICHTS! Kommen Sie bitte auch nicht mit der Aussage »ja, aber das könnte ich doch vielleicht noch einmal brauchen«. Überlegen Sie stattdessen, wann Sie diesen Gegenstand das letzte Mal benutzt haben. Liegt dieser Zeitpunkt mehr als ein oder gar zwei Jahre zurück, dann sollten Sie sich schleunigst trennen. Und da ich, wie Sie vielleicht schon bemerkt haben, auf kurze, prägnante Sprüche als Eselsbrücken stehe, habe ich für diesen Fall auch wieder einen auf Lager:

SCHLAUER SPRUCH

Wenn sie einen Gegenstand länger nicht mehr benutzen, wird dieser irgendwann einmal Sie benutzen.

Diese Erfahrung habe ich wirklich schon des Öfteren gemacht. Unbenutzte Dinge werden immer irgendwann einmal im Weg herumliegen und Platz blockieren, und das allein kostet schon wertvolle Energie, abgesehen davon, was für eine Schwingung diese Dinge in Ihrem Umfeld erzeugen und Sie dadurch auch energetisch blockieren. Es gilt wieder: Nur weil Sie etwas nicht sehen, heißt das noch nicht, dass es nicht auf Sie wirkt. Stellen Sie sich einfach vor, dass Sie zu jedem Gegenstand in Ihrem Besitz eine Beziehung haben. Üben Sie danach aktiv, diesen Gegenständen für ihre Dienste zu danken und sie dann endgültig loszulassen.

Wenn es die finanzielle Lage also nicht zulässt, etwas aufzuwerten, beginnen Sie beispielsweise einfach mit Ihren alten Unterhosen und Socken. Auch diese fallen in den Bereich »alte Technik«, da sie sicher längst nicht mehr so viel Freude machen wie zum Zeitpunkt des Kaufes. Wenn Sie also ganz unten beginnen, Ihr Qualitätsbewusstsein zu steigern, wird sich dies wie eine Saat langsam nach oben arbeiten und sich auf alle Aspekte Ihres Lebens ausbreiten!

Ausmisten ist eine extrem starke Technik, um in Ihrem Leben schnell und wirkungsvoll etwas zum Positiven zu verändern. Sollten Sie sich noch immer nicht sicher sein, wie Sie das am besten angehen, es gibt zu diesem Thema unzählige und zu Recht auch sehr erfolgreiche Bücher.

Zu diesem Thema fällt mir übrigens wieder ein Freund ein, der sich schon monatelang über sein altes Bett beschwerte, welches in ihm auch keine rechte Freude mehr erzeugen wollte. Dieser Freund kam dann recht kurzfristig zu ein wenig unvorhergesehenem Geld, doch was machte er? Zwei Stunden später spazierte er vollbepackt aus dem Shop eines bekannten, hochpreisigen Designers, von dem er ohnehin schon einige Stücke besaß, und, was soll man sagen, er sah danach zwar umwerfend aus, das »Gerät« jedoch, in dem er täglich acht Stunden seines Lebens verbringt, war immer noch das selbe. Im Endeffekt hatte er damit nur für eine Steigerung der Wahrnehmung seiner selbst im Außen gesorgt, *höherschwingend* machte das jedoch weder ihn noch sein Umfeld.

Machen Sie also eine chronologische Liste, beginnend mit den ältesten Gegenständen, die einer Aufwertung würdig wären. Selbst wenn Sie in kleinem Rahmen beginnen, werden Sie die Freude spüren, wenn Sie zum ersten Mal die neuen Socken anziehen oder mit der neuen Pfanne kochen, da bin ich mir sicher.

Wichtig ist dabei vor allem die generelle Bereitschaft, Altes loszulassen und durch Neues zu ersetzen.

Ihre Übung sieht somit folgendermaßen aus:

Reparieren Sie alles, was nicht funktioniert, solange es nicht zu alt und leicht zu reparieren ist. Sind Dinge irreparabel, entfernen Sie sie schleunigst aus Ihrer Umgebung.

Schätzen Sie nach eigenem Ermessen ab, ob Ihnen nach der Reparatur eines Gerätes dieses danach auch wirklich wieder echte Freude bereitet oder ob es dann nur »gerade noch so irgendwie« wieder funktioniert. Beginnen Sie danach schrittweise mit den ältesten Geräten oder Gegenständen, die noch funktionieren, und ersetzen Sie diese durch neue.

Der Grund für diese ganze Dynamik lässt sich ganz simpel mit dem Gesetz der Resonanz erklären:

Dinge, die nicht funktionieren, strahlen nicht funktionierende Energie aus und ziehen somit auch nicht funktionierende Energie an. Solange also noch kaputte und dadurch *»energiesaugende«* Dinge im Umfeld existieren, werden Sie beobachten, dass auch nagelneue Geräte leichter kaputtgehen. Es ist die Summe aus allem, die die Gesamtenergie erzeugt. Ein kaputtes Auto plus eine kaputte Vespa ergibt die doppelte Menge an kaputter Energie. Wie so oft im Leben kann man sich auch hier der Mathematik bedienen. Somit macht es KEINEN Sinn, aus Spargründen ein schlecht funktionierendes Gerät länger zu behalten, weil dieses bereits energetisch alle anderen Geräte in seinem Umfeld belastet und quasi mit in den Abgrund zieht.

Befinden sich in Ihrem Umfeld eine große Anzahl unbenutzter, schlecht oder nicht funktionierender Geräte, wird es sogar noch schlimmer: Diese nicht funktionierende Energie greift dann langfristig auch auf alle anderen Lebenssäulen über, und plötzlich kann es passieren, dass es im Job oder in der Beziehung nicht mehr so reibungslos funktioniert, oder, was immer wieder deutlich zu beobachten ist, die Leute schlichtweg krank werden. Und zwar meist chronisch.

Im Übrigen möchte ich an dieser Stelle betonen, dass dasselbe auch für alle Arten menschlicher Beziehungen gilt. Sollte Ihr Freundeskreis hauptsächlich aus »schlecht funktionierenden Modellen«, also *Schwerverbrauchern* bestehen, können Sie sicher sein, dass sich diese Energie auch auf alle anderen zwischenmenschlichen Beziehungen Ihres Lebens oder den Job auswirkt. Sollten Sie als Mann zum Beispiel jede Woche einen »Männerabend« mit Ihren Saufkumpanen machen, ist zu vermuten, dass Ihre Frau über kurz oder lang zu rebellieren beginnen wird. Regelmäßige Treffen mit *Schöpfern*, die Weiterentwicklung zur Folge haben, wird sie hingegen ziemlich sicher unterstützen.

Sollten Sie schon erkannt haben, dass es Ihnen vermutlich besser tun würde, sich von dem einen oder anderen Menschen zu trennen, würde ich auch das zügig vorantreiben. Denn es wird immer mit Stress und Streit verbunden sein, diese »Freunde« loszuwerden, wenn Sie zu lange damit warten. Oftmals erzeugt das dann einen so hohen Anteil an negativer Energie, dass Ihnen das Leben einen Widerstand nach dem anderen schicken wird, um Sie darauf aufmerksam zu machen. Gewöhnlich mündet das, abgesehen von Streit, in Verrat, Enttäuschungen, Geld- oder Statusverlust oder im schlimmsten Fall wieder in Krankheit. Was auch immer die Folge ist, es wird in jedem Fall IRGENDETWAS passieren, nur um diese »schädliche« Beziehung zu beenden oder zu reduzieren. Das Universum ist hier sehr konsequent; seien Sie sich im Klaren darüber, dass dies immer geschieht, um Sie zur Entwicklung zu animieren. Auch hier ist es also wieder ein heißer Tipp, zu handeln, solange man noch die Wahl hat, bevor jemand anderer die Wahl für Sie trifft. Ich weiß, ich wiederhole mich hier, aber ich kann es nicht oft genug betonen:

Die Wahl zu haben, ist eines der größten Luxusgüter im Leben eines Menschen. Freiheit bedeutet, eine Wahl zu haben! Daher ist es so elementar, zu üben, in jedem kleinsten Lebensbereich eine Wahl zu haben und sie auch zu nutzen, solange man die Möglichkeit hat.[3]

Sich zu ändern, sollte optimalerweise ein Prozess sein, der auf einer Wahl beruht, und nicht auf einem Zwang, daher ist es so wichtig, dies auch im Materiellen zu praktizieren.

Es ist auch wichtig zu akzeptieren, dass das Materielle nicht generell als oberflächliches Luxusgut abgestempelt werden darf, sondern unmittelbaren Einfluss auf uns hat. Daher sollte man sich weitgehend mit Dingen umgeben, die dem aktuellen Stand der Technik entsprechen, ansonsten lebt man ständig in der Vergangenheit.

Ganz besonders gilt das für Technik, die man gebraucht kauft. Man kauft sich hier nicht nur meistens veraltete Technik, sondern auch automatisch die Unsicherheit dazu,

3 Lustigerweise sind oft die Menschen, die am lautesten politische Entscheidungen kommentieren und für die Einhaltung der Wahlpflicht plädieren, diejenigen, die das Prinzip der Wahl in ihrem eigenen Umfeld nicht berücksichtigen und daher nicht aus der Opferrolle herauskommen.

nicht über den exakten Zustand der Sachen Bescheid zu wissen. Margarita und ich selbst machten diese Erfahrung in einem unserer Geschäftszweige in den letzten Jahren ständig, wollten aber einige Zeit lang partout nicht daraus lernen und mussten es daher, wie schon erwähnt, auf die harte Tour erfahren. Vor sieben Jahren begannen wir damit, Ferienwohnungen an Touristen zu vermieten (landläufig auch »*AirBnB*« genannt). Die ersten Jahre richteten wir unsere Apartments komplett mit gebrauchten Geräten ein, doch, wie wir erst viel später erkannten, war das vermeintlich gesparte Geld ein Trugschluss, für den wir danach mehrmals bitter bezahlen mussten. Einmal zum Beispiel durfte am Silvesterabend um zwanzig Uhr eigenhändig einen Geschirrspüler in einer unserer Wohnungen gegen einen ebenfalls gebrauchten auswechseln, während die Gäste missmutig beobachtend danebenstanden und alle meine Freunde bereits feierten. Wenig überraschend fühlte ich mich in diesem Moment wie ein richtiges Opfer. Doch das war beileibe nicht der einzige Lernprozess aus diesen Erfahrungen, denn die Gesamtkosten von zwei gebrauchten Geräten inklusive Transport, möglichem Verdienstausfall und Zeitaufwand können schnell den Anschaffungswert eines neuen Gerätes mit Garantie übersteigen. Soweit ich mich sogar erinnern kann, hat kein einziges gebrauchtes Elektrogerät, mit dem wir damals unser Business starteten, bis zum heutigen Tag überlebt.

Inklusive all der eben erwähnten Faktoren und selbstverständlich komplett unnötigem Stress ergibt sich nach Jahren also eine völlig neue Kosten-/Nutzenrechnung, von der ich sehr stark bezweifle, dass sie positiv ausfällt. Alleine die Unsicherheit, nicht zu wissen, wie lange es ein Gerät noch macht, will ich persönlich in meinem Leben nicht mehr erleben. Ich flehe Sie also an, beherzigen Sie meinen Rat und lassen Sie die Finger von gebrauchten Elektrogeräten. Kaufen Sie, wenn irgendwie möglich, aktuelle Technik mit Garantie, und sollte dann doch mal etwas kaputtgehen, lehnen Sie sich entspannt zurück und freuen Sie sich, dass Sie seinerzeit die richtige Entscheidung getroffen haben und sich das Problem jetzt wie von selbst *in Leichtigkeit* auflöst. Ich verspreche Ihnen, Ihre Lebensgesamtqualität steigert sich dadurch ungemein und Sie kommen dadurch vor allem nicht mehr so schnell in die Gefahr, sich wie ein Opfer zu fühlen.

Einen letzten Punkt, der Ihnen vermutlich abgegangen ist, will ich allerdings noch ansprechen. Und zwar die berechtigte Frage nach Antiquitäten.

Stradivari-Geigen, Chippendale-Sessel oder Porsche-Oldtimer, die mit der Zeit im Wert steigen, gehören natürlich auch erwähnt. Selbstverständlich spricht gar nichts gegen den Besitz solcher Gegenstände, da sie bei weitem mehr Freude als Stress erzeugen, solange sie in einwandfreiem Zustand sind.

Dieses Verhältnis sollten Sie bei alten Gegenständen aber immer hinterfragen.

Denn alles in allem ist es jedoch IMMER NOCH alte Technik, die auf uns wirkt, daher ist es extrem wichtig, dass das restliche Fundament solide, zeitgemäß und gut gewartet ist, damit man im Einklang bleibt.

Damit wir uns richtig verstehen: EIN wunderschöner, alter Schreibtisch in einem modernen Penthouse erzeugt Freude, die ganze Wohnung voller Antiquitäten zieht einen jedoch runter. Selbst wenn Sie der Überzeugung sind, dass Ihre Vintage-Vorliebe gerade megahip und im Einklang mit der Zeit ist, kann ich Ihnen versichern, dass, sofern Ihre Gäste nicht exakt dieselbe Resonanz dafür haben wie Sie, sich die meisten in Ihrer Behausung nicht besonders wohl fühlen werden. Das heißt, es ist immer sinnvoll, zu versuchen, alte Energie mit neuer zu kompensieren. Sind Ihre Möbel weitgehend geerbt und bestehen Sie auf diesen, neutralisieren Sie sie doch mit einem Flat-TV der neuesten Generation oder mit topaktuellen Küchengeräten. Sie können das auch gerne mathematisch angehen: Für jeden Teppich und Kronleuchter aus Omas Nachlass sollte mindestens ein »gleichwertiges«, modernes Möbelstück, zum Beispiel eine Sitzgruppe, platziert werden, so dass Sie unter dem Strich wenigstens im »energetischen Plus« bleiben. Sie werden überrascht sein, wie sich die Gesamtenergie Ihrer Wohnung stabilisiert oder sogar hebt. Denken Sie daran, dass ein überwiegend zeitgemäßes Umfeld Ihnen hilft, sich *in Leichtigkeit* mit dem Fortschritt zu entwickeln. Alte Sachen hingegen ziehen Sie in die Vergangenheit und Sie tun sich dadurch umso schwerer, sich nach vorne zu bewegen.

Wie sehr sich so ein stabiles, materielles Grundgerüst auf alle anderen Lebenssäulen auswirken kann, konnte ich auch unlängst anhand meiner Mutter feststellen. Jahrzehntelang hauste sie in einer Altbauwohnung, die ein latenter Zyniker wie ich nur unter dem Begriff »Bruchbude« einsortieren konnte. Dementsprechend lasch war auch ihre Motivation, ihr Sammelsurium an Antiquitäten, Reiseandenken und Büchern zu sortieren und vor allem, Unbenutztes zu entsorgen. Ich denke, nicht nur ich musste mich jedes Mal regelrecht überwinden, um einen Fuß in die Wohnung zu setzen. Mehr noch, am liebsten hätte ich mir gleich bei der Ankunft eine Zigarette angezündet, selbst als ich schon längst Nichtraucher war. Aber auch sie selbst strahlte natürlich keine rechte Freude über die Situation aus und dies drückte sich, wenig überraschend, auch gesundheitlich aus. Erst als Margarita und ich vor zwei Jahren die Notbremse zogen und sie mit vereinten Kräften in ein neues, einwandfrei hergerichtetes Domizil umquartierten, änderte sich vieles schlagartig. Dazu waren auch nicht einmal übermäßige finanzielle Mittel notwendig, sondern alleine die Bereitschaft, Veränderung zuzulassen und auch umzusetzen. Plötzlich kehrte das Verlangen zurück, Ordnung herzustellen und auch zu halten, die Leichtigkeit, auch mal das eine oder andere wegzuwerfen und die Freude, wieder öfters Gäste einzuladen. Auch ihr Selbstbewusstsein ging Hand in Hand mit dieser Entwicklung. Wie durch Zauberei wurde sie von Leuten wieder respektiert und wertschätzend behandelt, die ihr kurz davor noch abfällig entgegentraten. Kurz gesagt, es war so ein signifikanter Fortschritt auf allen Ebenen zu beobachten, dass ich mich erstmals seit Jahren selbst wieder aufrichtig freute, meine Mutter zu besuchen. Und nicht nur das, erstmals zeigte sie auch wieder Interesse an technischem Fortschritt und drückte die Bereitschaft aus, Neues zu erlernen.

Ich habe nun hoffentlich verständlich und ausführlich genug dargelegt, warum es nur Vorteile hat, sich im stetigen Einklang mit der Materie und der technischen Entwicklung zu befinden.

Sind Sie aber auch jetzt immer noch der Meinung, dass früher alles besser war, befinden Sie sich ohnehin im dauernden Widerstand zum »Jetzt«, und somit im Kampf gegen die Welt.

In diesem Fall werden Sie weiterhin akzeptieren müssen, dass Ihr Leben aus Zufällen besteht, gegen die Sie nichts ausrichten können.

Es ist dann wie im Casino. Die Bank – in diesem Fall also die Welt – gewinnt immer![4]

4 Sollte Ihnen diese Terminologie vollkommen fremd sein: Bei sämtlichen Glücksspielen wie z.B. Roulette oder Black Jack, die Sie gegen die »Bank« (= das Casino) spielen, ist die statistische Verteilung so berechnet, dass Sie auf lange Sicht AUF JEDEN FALL verlieren werden.

Das materielle Umfeld

AUF DEN PUNKT GEBRACHT

Sie werden immer und ständig von Ihrem Umfeld eingefärbt. Dies betrifft nicht nur die Menschen, die Sie umgeben, sondern auch jede Art von Materie, also Gegenstände.

Jeder Gegenstand besitzt ebenso wie wir Menschen ein Energiefeld, das auf uns wirkt. Ist dieses Energiefeld beschädigt oder deformiert, wirkt sich das auch auf uns aus.

Materielle Dinge sind zwar weitaus schwächer in ihrer Wirkung als der menschliche Geist, dafür aber in der Überzahl und daher mindestens ebenso effektiv.

Ihr Umfeld kann dafür verantwortlich sein, dass alle Ihre Bemühungen, glücklich und erfolgreich zu sein und sich zu entwickeln, scheitern. Das Schlimme daran ist meistens, dass Sie dies nicht erkennen, daher immer verzweifelter werden und immer mehr Energie aufwenden müssen, um etwas zu ändern, was Sie auf Dauer krank machen kann.

Je mehr Qualitätsbewusstsein Sie in allen Lebensbereichen und ganz besonders in materiellen Dingen entwickeln, desto mehr Qualität wird in allen Lebensbereichen auch wieder zu Ihnen zurückkommen. Beginnen Sie bei der Qualität in den Aspekten, die unmittelbar Ihr Wohlbefinden betreffen. Eine gemütliche, hochwertige Wohnung ist wichtiger als ein teures Auto. Ein Porsche zum Angeben, während Sie in einem Loch hausen, wird Sie auf Dauer *zerstören*.

Der technische Fortschritt ist nicht aufzuhalten. Weigern Sie sich beharrlich, diesen mitzugehen, wird Sie jede neue Technologie überfordern, was Sie unnötig Energie kostet und dadurch auch in anderen Bereichen schwächt.

Nicht funktionierende Dinge, die man unnötigerweise mitschleppt, beginnen durch ihr Energiefeld nach einiger Zeit, sich auf ihre Umgebung auszuwirken und andere, oftmals auch neue, Dinge ebenfalls zu zerstören. Das kann sogar über Gegenstände hinaus gehen und Beziehungen oder Freundschaften ernsthaft gefährden.

Alte Sachen haben weniger Wirkung auf uns, wenn sich unsere Grundsubstanz, wie zum Beispiel unsere Wohnung oder unsere finanzielle Stabilität, in einwandfreiem Zustand befindet.

Das materielle Umfeld

WIE SIE DAS LECK DAUERHAFT SCHLIESSEN

Wenn es im Leben oder im Geschäft nicht so recht weitergehen will: Kontrollieren Sie ALS ERSTES Ihr Umfeld, und zwar sowohl die Menschen als auch alle Gegenstände. Selbst wenn Sie Ihr Mindset für noch so gut halten: Wenn das negative Umfeld größer und stärker ist, werden die Ergebnisse nicht nachhaltig bleiben.

Gewöhnen Sie sich generell an, Ihre Umgebung regelmäßig zu überprüfen, sowohl auf Menschen als auch auf Gegenstände. Innerhalb kürzester Zeit werden Sie ein neues Qualitätsbewusstsein entwickeln, das Ihnen helfen wird, zu erkennen, was das Beste für Sie ist.

Das Erhöhen des materiellen Qualitätsbewusstsein ist ein guter und verhältnismäßig leichter erster Schritt, um etwas in Ihrem Leben zu ändern, da Sie meistens zu den Gegenständen in Ihrer Umgebung weniger emotionale Bindung als zu Menschen haben. Sobald Sie aber ein gefestigtes Qualitätsbewusstsein haben, werden Sie irgendwann von selbst erkennen, welche Menschen diesem nicht mehr entsprechen und sich leichter tun, diese loszulassen. Wenn um Sie herum alles funktioniert und seine Ordnung hat, wollen Sie sich gar nicht mehr mit Menschen umgeben, die keinen Wert darauflegen.

Reparieren Sie alles, was nicht funktioniert. Sind Dinge irreparabel, entfernen Sie sie schleunigst aus Ihrer Umgebung. Achten Sie besonders bei alltäglichen Gebrauchsgegenständen wie Kleidung auf Fehler und Mängel. Löcher, Laufmaschen oder irreversible Flecken stellen bereits ein deformiertes Energiefeld dar und wirken negativ auf Sie. Das betrifft umso mehr jegliche Geräte, die nicht mehr der aktuellen Technologie entsprechen, unzuverlässig sind oder Sie einfach nicht mehr glücklich machen.

Versuchen Sie schrittweise und konsequent, Ihr Umfeld aufzuwerten. Beginnen Sie nach und nach mit den ältesten Geräten oder Gegenständen und ersetzen Sie diese durch neue.

Wie es heute bereits allgemein bekannt ist und in vielen Büchern beschrieben wird, unterliegt das Universum einem präzisen Ordnungsprinzip und Gesetzmäßigkeiten, die wir lediglich noch nicht in der Lage sind, in ihrem vollen Umfang zu erkennen. Man ist somit automatisch mehr im Einklang mit dem Universum, wenn man selbst Ordnung schafft und hält. Regelmäßiges Ausmisten ist daher ein ganz heißer Tipp, um Struktur und Stabilität zu schaffen. Probieren Sie es einfach aus.

Lieben Sie Antiquitäten oder Oldtimer, dann achten Sie darauf, dass gleichzeitig der Rest Ihres Besitzes einwandfrei, stabil und auf der Höhe der aktuellen Technologie ist. Je stabiler Ihre materielle Basis ist, desto eher können Sie sich Antiquitäten oder Oldtimer leisten.

Vermeiden Sie es, wenn irgendwie möglich, gebrauchte Alltagsgegenstände zu kaufen. Das bisschen Ersparnis beim Kauf kompensiert selten den Stress, der sich durch die Unsicherheit über den eigentlichen Zustand des Gegenstands und die fehlende Garantie ergibt. Ebenso wenig wissen Sie, wie der Vorbesitzer durch sein Mindset den Gegenstand energetisch informiert hat. Erlaubt sind hingegen technische Geräte oder Autos, die noch auf dem aktuellen Stand der Technik sind und auf die Sie noch Garantie haben. Dadurch verringert sich die Gefahr auf ein Minimum, dass Geräte zum ungünstigsten Zeitpunkt eingehen und Sie sich wie ein Opfer fühlen.

Gegenstände, die Sie seit mehr als einem Jahr nicht mehr benutzt haben und die eigentlich nur noch herumliegen, gehören ebenfalls dringend hinterfragt. Finden Sie heraus, warum Sie sie nicht mehr benutzen. Lautet die Antwort, dass diese zwar »noch gut“ sind, in Ihnen aber keine rechte Freude mehr erzeugen, gehören sie weg.

Sind Sie unsicher, dann fragen Sie sich, ob der entsprechende Gegenstand in Ihnen im Verhältnis mehr Freude oder mehr Ärger verursacht. Sie dürfen das auch gerne mathematisch betrachten: Sind Sie hier eher im Plus oder im Minus?

Fragen Sie sich, ob Sie noch an irgendwas gekettet sind, was Sie bremst. Das könnten lang vergessene, alte Schulden sein, eine inaktive Firma, die aber offiziell noch existiert, Teile eines Geschäftes, das Sie nicht mehr betreiben, Ersatzteile eines Gerätes oder Autos, das Sie nicht mehr besitzen oder ein Versprechen, das Sie nie eingelöst haben. Werden Sie alles los oder klären Sie ein für alle Mal, was ihr Feld verstopfen könnte. Neues kann nur kommen, wenn man Platz dafür schafft.

Adaptieren Sie Ihr technisches Umfeld regelmäßig an die aktuelle Technologie. Verlieren Sie einmal den Anschluss, kostet es immense Kraft, dies wieder aufzuholen. Bleiben Sie jedoch am Ball, ist es ein Leichtes, sich stetig mitzuentwickeln und sich dadurch jung zu halten.

Denken Sie auch daran, Ihre digitale Umgebung regelmäßig zu reinigen und auf Vordermann zu bringen. Unordnung auf der Festplatte, uralte Mails, Nachrichten, Fotos, ungenutze Dokumente, veraltete Programme oder sonstiger Datenmüll besitzen enorme Energie. Dadurch können sie nicht nur die Freude am Arbeiten gründlich verderben, sondern wirken auch noch durch ihr Informationsfeld.

Sind Sie gerade auf Partnersuche, würde ich Ihnen dringend ans Herz legen, das Umfeld eines potenziellen Partners oder einer potenziellen Partnerin genauer unter die Lupe zu nehmen. Ein offensichtlich mangelndes Qualitätsbewusstsein und fehlender Sinn für Ordnung wird sich auch in einer Beziehung widerspiegeln. So, wie ein Mensch mit seinen Sachen umgeht, wird er nachher auch mit Ihnen oder Ihren Kindern umgehen. Blicken Sie vor allem auch in die Schränke, Laden oder in den Abstellraum, also überall dort hin, was den ersten Blicken verborgen bleibt, denn dort »verstecken« viele Leute erst ihre wahre Persönlichkeit. Die Socken verraten oft mehr über einen Menschen als sein Auto.

Andenken an einen Ex-Partner sind ein reines Nachhängen in der Vergangenheit und gehören zu den größten Energielecks überhaupt. Weg damit ohne Wenn und Aber!

Mit meiner Partnerin Margarita Gavrielova, die mit viel Passion wissenswerte Informationen aus der russischen Sprache aufspürte, übersetzte und mir somit das Schreiben dieses Buches ermöglichte.

Nachwort

*»Am Ende wird alles gut. Und wenn es nicht gut ist,
ist es noch nicht das Ende.«*

OSCAR WILDE

Ultimate

Gratuliere, sie haben's bis hierher geschafft. Nun haben Sie sich ein Gläschen verdient. (Ich spreche hier aber keine Empfehlungen über die Art des Getränks aus!)

Sie haben das Buch also gelesen. Aber was nun?
War Ihnen das schon genug auf die Fresse oder vertragen Sie noch mehr? Vielleicht ist Ihnen auch noch der dumme Spruch *»Am Ende wird alles gut«* etwas seltsam aufgestoßen, der Ihnen sicher schon öfter untergekommen ist. Dachten Sie bis jetzt immer, er hätte nur Gültigkeit für Berufsoptimisten oder hoffnungslose Positiv-Denker? Oder wäre es möglich, dass da vielleicht doch ein Quäntchen Lebensanschauung dahintersteckt, das man sich aneignen könnte?

Nun ja, wie Sie sicher schon vermuten, hätte ich auch dazu etwas zu sagen. Okay, dazu hätte ich sogar sehr viel zu sagen. Soviel, dass sich sogar ein ganzes Buch darüber schreiben ließe. Doch so weit will ich im Moment gar nicht gehen, obwohl es gut möglich und wahrscheinlich ist, dass ich das einmal tun werde.

Vorerst aber will ich Ihnen und Ihrem Denken lediglich noch einen kleinen Schubs geben. Denn eine Tatsache ist am Ende aller Tage absolut unumstößlich, und zwar:

Glück ist eine Sache der Wahrnehmung

Um Ihnen diese Feststellung aus meiner eigenen Lebenssituation zu verdeutlichen, sollten Sie wissen, dass fast die Gesamtheit dieses Buchs während der Covid-19-Krise geschrieben wurde. Und wie Sie schon sehen, finden wir hier das Wort »Krise« versteckt, das darauf hinweist, dass die meisten Menschen eine Situation wie diese negativ betrachten. Es ist selbstverständlich leicht, sich über eine drastische Entwicklung wie eine Pandemie zu beschweren, noch dazu, wenn man, wie zum Beispiel ich, zwei gerne ausgeführte Tätigkeiten, die den Hauptbestandteil der täglichen Einkünfte ausmachen, von heute auf morgen verliert.

Doch in solchen Situationen erinnere ich mich mittlerweile gerne an das vom Wiener Psychiater, Autor und Auschwitz-Überlebenden Viktor Frankl geprägte Wort ***»WIDEG«***, das als Akronym für den Satz ***»Wofür ist das eine Gelegenheit?«*** steht. Und siehe da, schon stellte sich das Ganze als Glücksfall heraus, denn ich hatte zwar plötzlich weniger Geld, gleichzeitig aber viel mehr Zeit. Somit packte ich die Gelegenheit beim Schopf und beschloss, die neugewonnene Zeit zu nutzen und dieses Buch zu schreiben, welches unter »normalen« Umständen mit Sicherheit ein Jahr länger zur Fertigstellung benötigt hätte.

Wenn ich jetzt also sage »Am Ende wird alles gut«, dann sollten Sie versuchen, das nicht als Wahrheit zu sehen, sondern als Übung. Und diese Übung lautet:

Machen Sie aus jedem Problem ein *WIDEG*, und schon wird sich vieles in Ihrer Wahrnehmung zum Positiven wenden.

Selbstverständlich liegt es mir fern, Sie mit solch saloppen Tipps einfach im Regen stehen zu lassen, ohne genauer darauf einzugehen. Daher arbeite ich zu diesem Zweck, während Sie diese Zeilen lesen, bereits an meinem nächsten Buch *»Denken in Energien – Die geistigen Gesetze des 21. Jahrhunderts«*. Dieses wird einige der Fragen beantworten und Lücken schließen, die vielleicht nach der Lektüre des vorliegenden Buchs entstanden sind. Dort gebe ich einen leichtverständlichen Gesamtüberblick über die wichtigsten energetischen Richtlinien und Gesetzmäßigkeiten des Lebens, die umso spannender sind, wenn Sie einmal gelernt haben, Ihre größten Energielecks zu schließen. Denn haben Sie erstmal Ihre Überschüsse erkannt, sich von Energievampiren befreit und ein stabiles Umfeld aufgebaut, dann besitzt Ihre Wahrnehmung eine Basis, die es ermöglicht, alle weiteren Informationen und Tipps mit weniger Widerständen und mehr Leichtigkeit anzunehmen und umzusetzen.

Und darauf freue ich mich schon sehr, Sie auch in Zukunft zu begleiten und Ihnen jede Menge weitere Aha-Erlebnisse zu bescheren.

Vielen Dank!

🥂 😎 💡

Klaus Biedermann

Zu guter Letzt noch ein wichtiger Hinweis, der die Erkenntnisse aus diesem Buch noch wirkungsvoller und schneller in die Umsetzung bringen kann:

Denkmuster schnell mal aufzubrechen, um Neues ins Leben zu holen, klingt ja nach einer tollen Sache, stimmt's? Aus Erfahrung weiß ich aber, dass sich trotzdem viele Leute schwertun, bereits selbst erkannte Überschüsse auszugleichen, Energievampire, mit denen sie eine Freundschaft verbindet, loszulassen, oder sich von liebgewonnenen Gegenständen zu trennen. So schaffen sie es oft nur sehr mühsam, in die Veränderung zu gehen. All das kenne ich natürlich wie üblich auch aus meiner Vergangenheit. Sollte dies bei Ihnen der Fall sein, dürfen Sie bitte nicht anfangen, an Ihnen zu zweifeln, denn dann hat sich meistens ein blockierender Glaubenssatz bereits in der Kindheit in Ihrem Körper physisch festgesetzt. So etwas ist vollkommen normal und üblich. Und solche Glaubenssätze wird man für gewöhnlich auch durch das schlaueste Buch nicht so einfach los. Doch selbstverständlich habe ich auch für diese Herausforderung eine passende Lösung:

Im Team mit meiner Partnerin Margarita Gavrielova bieten wir die sensationelle und enorm effektive **EFT-Klopftechnik** (*Emotional Freedom Techniques*) an, die sich perfekt als Ergänzung zu diesem und allen weiteren meiner Bücher eignet, wenn sich wieder mal die ein oder andere hartnäckige emotionale Blockade im Leben auftut. Wann immer also Ihr Verstand ein Problem bewusst erkannt hat, Sie es aber trotzdem nicht schaffen, es loszulassen, dann sind Sie hier richtig.

Ich würde mich jedenfalls aufrichtig freuen, Ihnen dieses unglaublich kraftvolle Tool näherzubringen zu können, das jeder nach professioneller Anleitung durch einen Experten auch selbst im Alltag einsetzen kann. Ich lade Sie daher herzlich ein, einen Blick auf die Webseite ***www.master-eft.com*** zu werfen und sich ein Bild zu machen.

Master-EFT

Klopf dich frei

Downloadmaterial zu diesem Buch:
www.aufdiefresse.at/bonusmaterial

Fragen zu diesem Buch beantworte ich gerne persönlich in der Facebook-Gruppe:
Auf die Fresse - Fragen und Antworten

Quellenangaben:

Alexander Palienko - online

Vadim Zeland - *Transsurfing*
(Silberschnur, 2006; Russische Originalausgabe: 2004)

Mirsakarim Norbekov – Eselsweisheit
(Arkana, 2006; Russische Originalausgabe: 2000)

S.N. Lazarev – Karma-Diagnostik
(Raduga-Verlag, 2013; Russische Originalausgabe: 1993)

Heiko Gärtner/Tobias Krüger – Krankheiten auf einen Blick erkennen (MVG Verlag, 2013)

Moritz Boerner - Byron Katie‘s The Work
(Goldmann, 1999)

Yossef Touval – Kabbalah
(Ansata, 2011)

Dr. Dawson Church – Geist über Materie
(Momanda, 2018; Engl. Originalausgabe: 2018)

Vishen Lakhiani – Definiere dich neu
(Momanda, 2019; Engl. Originalausgabe: 2016)

Ulrich Warnke – Quantenphilosophie und Spiritualität
(Scorpio Verlag/Goldmann, 2011)

Alexandra Stross - No Drama
(Eigenverlag, 2018)

Printed in Poland
by Amazon Fulfillment
Poland Sp. z o.o., Wrocław

31693724R00151